バブル世代からZ世代までをチームにする!

スクールリーダーのための組織をまとめる法則

山田貞二 著

図書

はじめに

「大人はわかってくれない」

こんな言葉を若い世代はよく使います。大人と思春期の若者たちとのジェネレーションギャップを端的に表現した言葉です。このギャップは、今に始まったことではなく、昔から存在しています。

1960年代のイギリスのロックバンドのThe Whoは、名曲「My Generation」の中で、バブル期の日本のアイドル歌手である本田美奈子は、代表曲「Oneway Generation」の中で、そして80年代に同世代の若者たちから圧倒的カリスマ性で支持を得た尾崎豊は「卒業」や「15の夜」といった曲の中で、「大人はわかってくれない」「わかり合えない」というジェネレーションギャップを強烈に表現しています。世代と世代がクロスオーバーすることは、なかなか容易なことではないのかもしれません。

本書は、大人と子どものギャップではなく、学校内の教職員間の世代のギャップに注目し、このギャップを肯定的に捉え、それぞれの世代のよさを活かしながら、いかにチームにしていくかを論じたものです。

バブル世代からZ世代までが、それぞれの道を単独で歩いていくという「Oneway Generation」ではなく、チームとして学校を活性化させていくにはどうしたらよいのかをスクールリーダーの視点から考えてみました。多様性の時代、先の見えない時代だからこそ、協働的で共生的な学校運営をすることが、いわゆる「ウェルビーイング」の実現につながってきます。

全国の学校を訪問する中で、多くのスクールリーダーが、世代を超えていかに教職員を一つのチームにしていったらよいかを悩んでいらっしゃることがわかりました。そんなスクールリーダーにとって本書が学校経営の一つの道標となり、様々な世代の教職員をチームとしてまとめ上げていく水先案内人となれれば幸いです。

目次

第４章　一般教員の持ち味を生かして組織をまとめる法則

第５章　学校全体を巻き込み組織力を上げる法則

第6章　保護者・地域との連携から学校をまとめる法則

第7章　意味ある会議・研修にする法則

終章　次世代のスクールリーダーの姿とは

序章

学校がチームになるとはどういうことなのか

あの秋、あの一体感がチームだった

○重いテレビを運んだ秋の日

「えーっ！　テレビ9台を積み上げるって！」

思わず叫んでしまった教員6年目、27歳の秋の夕暮れ。

転勤した小学校は「放送教育の研究指定」を受けている学校で、この年が研究発表の年。4月から社会科や道徳の授業、総合的な学習の時間の授業に放送教育を取り入れる研究を進め、自作のビデオ教材も数多く制作し、夏休みもほぼなく研究に邁進して迎えた発表前日の準備の時間。研究主任が、研究成果をビデオに編集したので、それをテレビ9台で効果的に見せると言うのです。縦に3列、横に3列のブロック状に並べるのです。そのあとが大変でした。当時のブラウン管の重いテレビを数人の先生と一緒に教室から移動させせます。なかなか辛い仕事ではありましたが、不思議と不平や不満はありませんでした。それよりも何ができあがるのだろうか。どんなふうに自分たちが研究してきたことが表現されるのだろうかというワクワク感が大きかったことを覚えています。積み上げたテレビモニター9台にビデオが映し出されたときの感動は今も忘れることができません。

「重い」テレビを運ぶことが、実は「思い」のこもったワクワク感を運んでいたのだろうと思います。一緒にテレビを運びながら、一つのチームとして研究発表を成功させたいという思いが大きくなったのです。たくさんの力で何かを創り上げることの素晴らしさを体感した瞬間でした。

あの一体感があり、今の自分がある

あの秋の日、なぜ一つのチームとしてまとまれたのかと考えたときに、やはりスクールリーダーの示す学校のイメージ、研究の方向性がはっきりしていたことがあげられます。明確な目標と指針があったからこそ、辛い研究にも取り組んでこられたのです。この研究の中で道徳の授業の基礎基本を徹底的に教えていただき、総合的な学習の時間とは何かを学び、視聴覚教材の扱い方、自作教材の作り方まで学びました。すべてが今の自分の研究に活かされています。あのときのチームとしての一体感があったからこそ、今の自分があるといっても過言ではありません。学校が一つになり、組織としてまとまるということは、子どもたちの成長に大きな影響を与え、学校の教育活動が充実するだけでなく、一人ひとりの教職員のキャリアアップにもつながるということがわかります。

○クロスジェネレーションという考え

チームには、様々な世代（ジェネレーション）が存在しています。先ほど紹介した研究校にも様々な世代が存在していました。スクールリーダーの明確な研究方針の提示とともに、この世代がうまく交流していたことも一体感を生むことにつながっていました。

私は道徳の研究部会に属していましたので、道徳の授業の在り方を様々な世代の先生方と学びましたが、かなりの違和感がありました。ベテラン世代の先生方は、研究されてきた授業、いわゆるパターン化された授業を行うことが重要であると主張されましたが、当時若かった私は、「型にはまった授業ではなく、もっと自由な形で行えばよい」という考えでした。様々なタブーも重荷でしかありませんでした。この二つの世代の考えをうまくまとめていったのがミドルリーダーの世代の先生でした。「パターン化されたものを基盤としながら新しい手法も取り入れる」という折衷案を提案され、何とか部会が一つにまとまっていきました。結局うまく研究が進んだのですが、これはスクールリーダーの人選の勝利と言えるでしょう。各世代のよさを活かし、うまく融合させていくという人的配置がされていたのだと思います。

クロスジェネレーションという考えがあります。いわゆる世代間交流です。最近は「Z世代」「さとり世代」というような言葉がよく聞かれるようになっています。各世代の特徴をしっかりと把握し、よさを活かして融合させることが求められています。団塊の世代、バブル世代の退職とZ世代の大量採用の時代にスクールリーダーはどのように学校経営を進めるか。組織をまとめていくにはどうしたらよいのかをテーマとして本書を執筆いたしました。

全国の学校から道徳の研修会にお呼びいただき、様々な学校のスクールリーダーの学校経営に触れる機会をいただいています。一体感を感じられる学校、チームとしてのまとまりを感じられる学校にも多く訪問させていただいています。私の経験だけでなく全国の素晴らしいスクールリーダーの学校経営の一端も紹介できたらと思います。最後までお読みいただければ幸いです。

■生まれた年と世代の分類

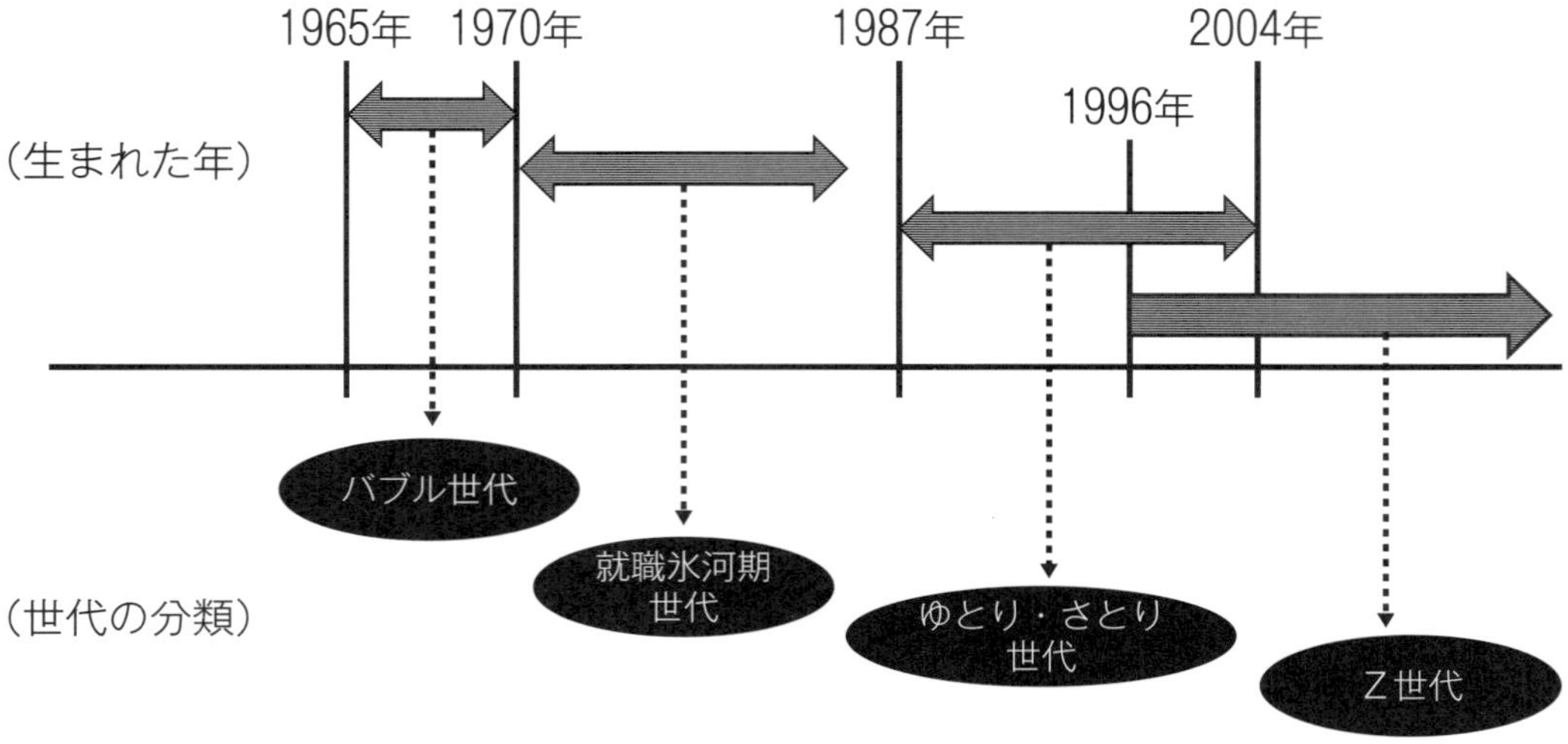

※『Z世代・さとり世代の上司になったら読む本』（著者・竹内義晴）を参考に作成

第１章

学校をチームにする５つの基本原則

「学校経営に芯柱を打ち込む」という原則

○「先生はどんな学校にしたいのですか?」という厳しい質問

内部昇格で教頭から校長になることが決まった3月の企画委員会。とある学年主任から厳しい質問を受けます。「教頭から校長になって、先生はどんな学校にしたいのですか」という学校経営において極めて重要な質問です。とっさに出た言葉は、

「『凡事徹底』ができる学校です!」

という言葉でした。教頭時代から教職員に対して何度も口にし、大切にしてきた大好きな言葉でした。とっさに出た言葉でしたが、参加者からは、「なるほど!」「いいですね」という好反応を得ることができました。生徒指導に課題のある中学校でしたから、わかりやすいキーワードに共感いただけたのだと思います。

会議後、質問してくださった先生に「なぜ、急にそんなことを聞かれたのですか」と尋ねてみました。

「今まで、どんな学校にしたいかがわからないまま仕事をしていた。だから、なんとなく1年を過ごしているという感じでした。生徒指導が大変なのに、みんながそれぞれの考えで指導をしていて、まったく効果があがってきていないと感じている。だから、先生には期待をして聞いてみたのです」

このような熱い返事であったのを覚えています。校長のリーダーシップの大切さとその責任の大きさを実感した瞬間でもありました。「みんながそれぞれの考えで指導をしていて……」という言葉が強烈に胸に刺さりました。個々の力はあるのに、方向性がはっきりしないために効果があがっていないということをはっきりと自覚することができました。

とっさに出た言葉ではありますが、「凡事徹底」という「合言葉（キーワード）」が何かとてつもなく大きなものをもたらすような根拠のない予感がしたこともはっきりと覚えています。「夢は口に出すと叶う」といいますが、学校経営のキーワードも同様です。スクールリーダーが口にすることで、必ずや叶うのです。この後、そんな大切なキーワードをどのようにつくっていくのかをお話させていただきます。

○キーワードは学校をまとめる「合言葉」！

2023年、阪神タイガースが優勝しました。「アレ」が合言葉となり、選手もスタッフもファンも一丸となって優勝に向かって邁進しました。お正月の風物詩である「箱根駅伝」の上位常連校である青山学院大学の原晋監督は、毎年、「○○大作戦」という目標（合言葉）を発表しています。「ワクワク大作戦」「負けてたまるか大作戦」等の合言葉です。これらの合言葉は、チームの目標となり、選手やスタッフ、ファンを一つにまとめるキーワードになっています。「言葉」には、人をつなげ、組織の力を高める大きな力があります。

これは、学校経営についてもいえることです。皆さんの学校にこのようなキーワードは存在しているでしょうか。

「あるよ！」という声が聞こえてきます。きっと教育目標を頭に思い浮かべられたと思います。どの学校にも教育目標がありますが、先ほどの阪神タイガースや青山学院大学のように学校に関わる人全員で共有できているでしょうか。すぐに口にできる言葉になっているでしょうか。ここで話題にしているキーワードとは、学校経営の方針を端的に表している言葉を指しています。誰もが内容を理解し、それに向かって突き進むことができる共通の目標となる端的な言葉です。

先述させていただいた「凡事徹底」という言葉は、あれもこれもと多くのことを詰め込んでいるわけではありません。「当たり前のことが当たり前にできる」という1点だけを見つめている目標です。だからこそ共有しやすく覚えやすいので、多くの人の行動の指針となります。欲張って、あれもこれもと詰めすぎると進む方向がいくつもあり、逆に混乱をきたしてしまいます。

「時を守り、場を清め、礼を正す」

右の言葉は、教育学者である森信三先生が提唱された職場再建の三原則です。学校再建の三原則と捉えて実践をされている先生方もたくさんいらっしゃいます。わずか三つの目標ですが、この三つに力を入れて指導をすることで、思いやりや感謝、責任感、公徳心、生命尊重などの様々な心が育ち、学校全体の

組織力を高める学校経営のキーワード

(1)学校経営の重点努力目標を端的に表すもの
(2)誰もが口にできるわかりやすいもの
(3)学校に関わる人全員が共有できるもの

↓

人と人をつなぐ芯柱の働き

変化につながっていきます。共有する目標は少なくていいのです。

「凡事徹底」という言葉は、自動車用品販売店創業者の鍵山秀三郎さんの言葉ですが、実にわかりやすく、行動の指針として優れています。鍵山さんの会社は、この言葉と清掃活動を通して大きく成長していきました。学校経営も同様です。児童生徒、教職員、保護者そして地域の人が共有できる「合言葉」の大切さを管理職は強く意識する必要があります。

校長として赴任した2校目の中学校では、「利他共生」という造語を「合言葉」として使いました。「学校全体に優しさや温かさが欠けている」「自分中心の考え方が強い」と感じたからです。この「利他共生」という共通の目標から様々な戦略が打ち出されていくのです。「言霊（ことだま）」という言葉があります。古代の日本人は、言葉に霊が宿っており、その霊のもつ力がはたらいて、言葉にあらわすことを現実に実現すると考えていました。キーワードは思いを行動に

移す大きな力をもっています。

○学校経営の主目標をキーワードにする！

では「合言葉」であるキーワードはどのように決めたらよいのでしょうか。重点努力目標の中から**主となる目標**を取り出し、誰もが口にできる言葉にします。例えば、左の例のようによく使われる教育目標をキーワードにしてみました。

●主体的な学び→「習う」から「学び」へ　●対話的な学び→「聞く」から「聴く」へ
●豊かな心の育成→「優しさ」最優先　●自主性→進取果敢

このように主たる目標をキーワードにすることから学校経営をスタートしてみましょう。まずは、あなたの学校には何が必要なのかをじっくり考え、主目標をはっきりさせることです。中には不安を感じる方がいらっしゃるかもしれません。「一つで大丈夫なのか？」という不安です。心配する必要はありません。一つの目標は、様々な活動に関連していきます。例えば、「『習う』から『学び』へ」という合言葉を設定した場合、これは学習だけに限らず、生活面においても児童生徒の主体的な活動につながってきます。明確な主目標を共通の目標とすることで、学校の教育活動すべてに「いのち」が吹き込まれることになります。「いのち」とは「明確な目的」のことです。**「ただ活動しているだけ」ではなく「なんのために活動しているか」がはっきりとしてくる**ので、学校全体が一つにまとまってくるのです。

●難しくはない！子どもの姿を捉えればいい

「どうやって合言葉（キーワード）をつくればいいのですか？」

こんな質問をよく受けます。教育目標は、ずっと変わっていないという学校も多く目にしてきました。時代が変わり、子どもの姿も変わってきています。学校の目標も中期的な周期（数年間隔）で変化していく必要があります。まずは、「子どもの姿」を捉えることです。「子どもの姿」には二つの姿があります。**「現状の子どもの姿」と「理想の子どもの姿」**です。「現状の子どもの姿」を捉えて、「理想の子どもの姿」に近づけるには何ができるかという議論から主目標が生まれ、合言葉（キーワード）につながっていきます。管理職だけでなく、全教職員でこの二つの「子どもの姿」を捉えることから始めます。一部の教員だけで作成するのではなく、スクールリーダーが中心となって協働的に作成することで、学校が一つにまとまっていきます。先述の「凡事徹底」のエピソードは結果的に校長の思いの強いものになり、トップダウン的な主目標の設定でしたので、本来ならば教職員全体の議論を経て設定するべきでした。結果的に、校長の提案から教職員全体の議論となっていったのですが、教職員の議論を経て、スクールリーダーが主目標を提案するという形が理想です。**学校経営の根幹に関わる主目標づくりに全教職員が関わること**の重要性をスクールリーダーはしっかりと認識して学校経営を進めていく必要があります。

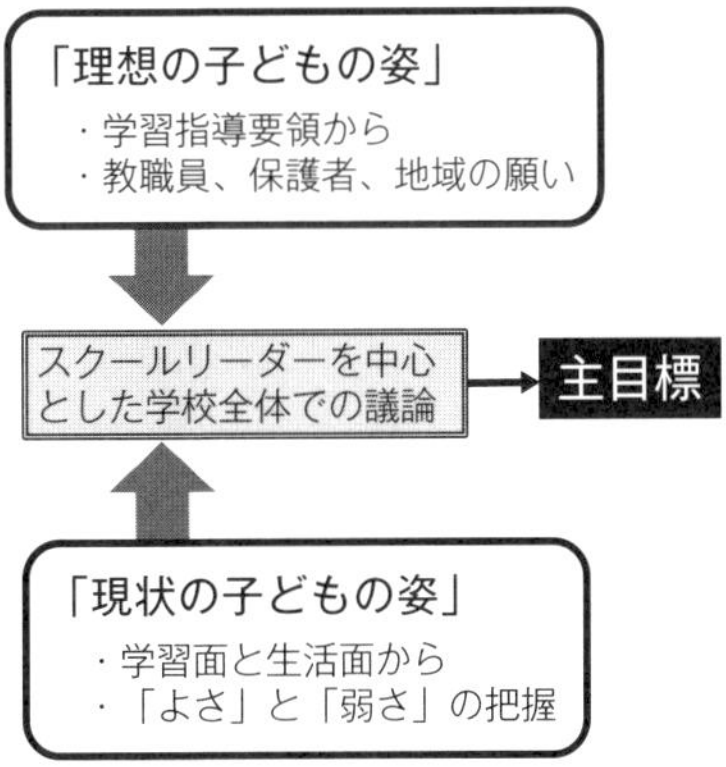

― POINT ―

学校経営の主目標を、誰もがわかる合言葉（キーワード）にすることで、学校に関わるすべての人が一つにまとまる土台ができます。

「戦略を立てる」という原則

キーワードを具体的な取組に表現する

学校経営の「合言葉（キーワード）」が決まったら、そこから具体的な戦略を打ち立てていきます。「戦略」とは、学校経営を進める具体的な方針のことを指します。キーワードはあくまでも精神的な支柱、学校に関係するすべての人が共有する共通の目標であって、具体的な方針ではありません。その方針にあたるのが「戦略」です。

「合言葉（キーワード）」…共有する共通の目標、精神的支柱
「戦略」…具体的な方針、キーワードを具体的に示したもの

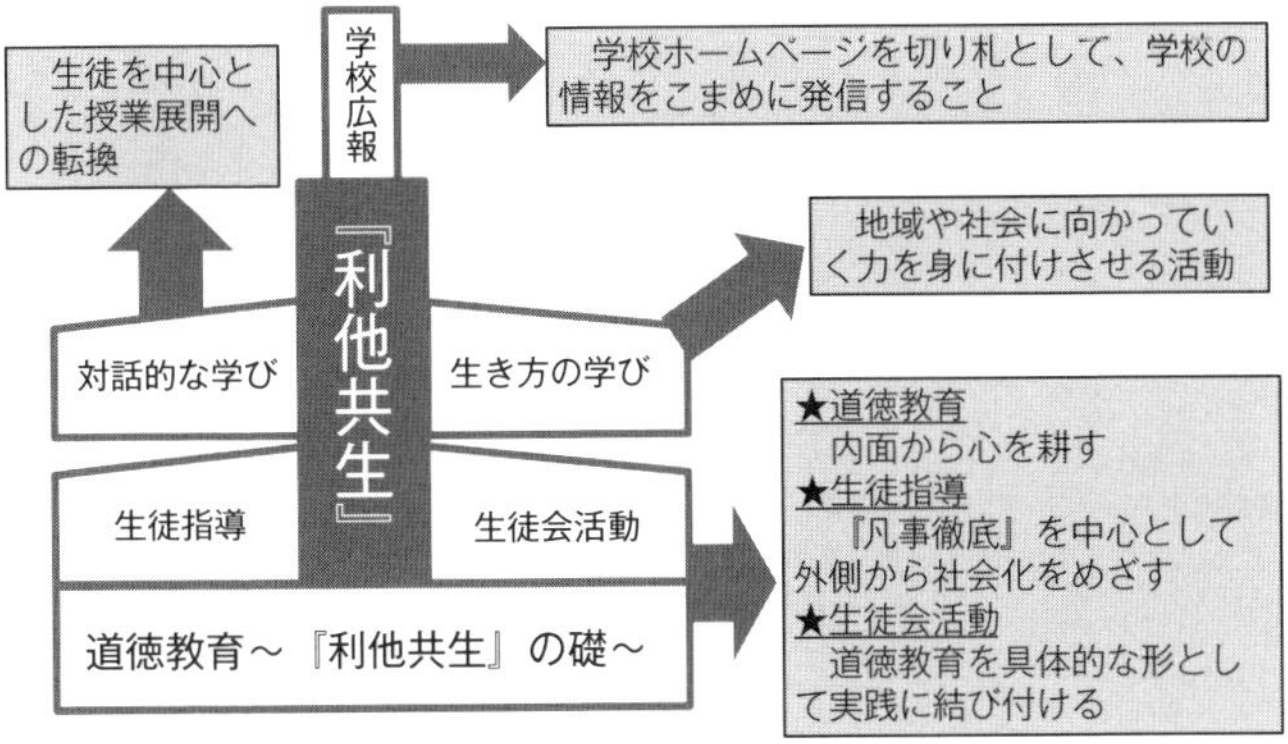

上図は、「利他共生」をキーワードとした中学校の戦略マップになります。「利他共生」というキーワードを精神的な支柱（芯柱）とし、道徳教育を土台として、「凡事徹底」を中心とした外からの社会化である生徒指導と、道徳教育の実践の場である生徒会活動の活性化を三本の矢とした**戦略マップ**です。こうした戦略マップは、４月の職員会議や全校集会、ＰＴＡ総会、地域の会合等で共有することが重要です。教職員だけで共有していてはもったいないです。**外部にも大いに公表し、学校に関わる人すべてで共有することが大切です**。

多くの学校に訪問させていただくなかで、こうした戦略マップを拝見させていただく機会も多いのですが、かなり情報量が多く、教職員や教育委員会向けに作成されているのがほとんどです。教職員以外の人も共有できるようにするにはシンプル化が必要です。

○「個の力に頼る」という危険な選択

さて、戦略を立てる際に、大変危険な選択が一つあります。

「優秀な教員の個の力に頼る」という選択

この選択をしがちなスクールリーダーがいます。学校は、下記の図で示したように「鍋蓋型の組織」となっています。それゆえに、一人ひとりの担任は個人事業主のように独立して学級経営を行うことが多く、一人ひとりの力量の差がはっきりとしやすいという傾向をもっています。すると、こんな安易なことを考えるスクールリーダーが出てきます。

・優秀な教員が欲しい　・力のない先生は副担任にしようか
・あの先生なら荒れている学年をおさえてくれるかも

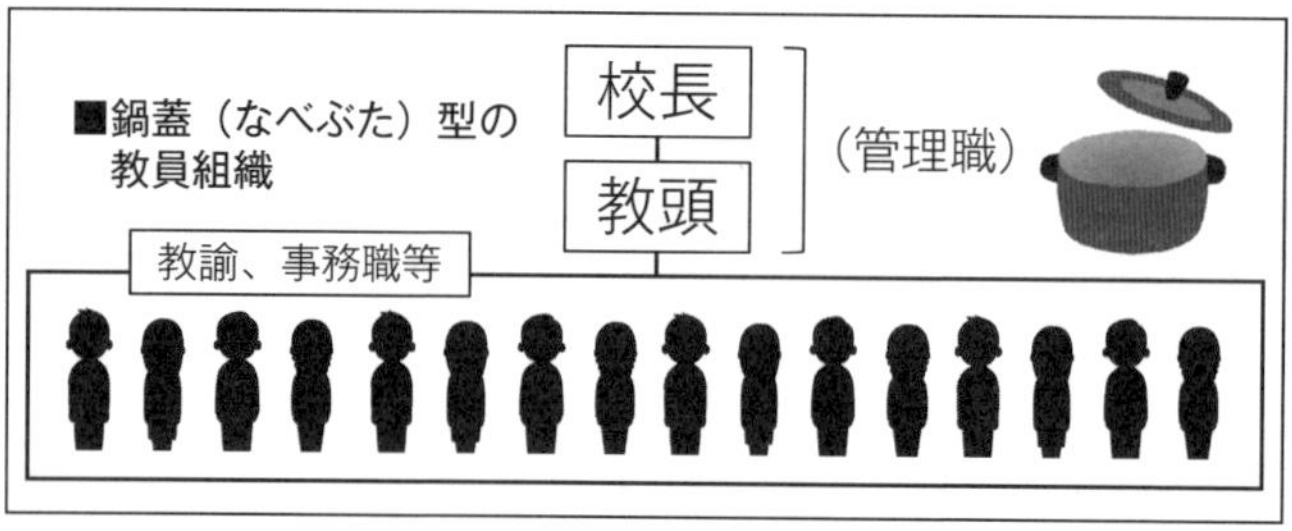

個の力量に頼っているような戦略は、戦略とはいえず、「その場しのぎ」の処置といっても過言ではありません。こうした対処的な戦略ではなく、学校という鍋蓋型の組織ゆえにやらなければいけない大切な戦略があります。それは、プロ野球の監督が大変よくわかるように教えてくれています。野球チームは、監督とコーチがトップにおり、その下に選手が多数在籍している形態の組織であり、学校組織に極めて近い形になっています。そうした組織を優勝に導いた監督のマネジメントから学ぶべきことが明確に見えてきます。

【落合博満監督（中日）】

２００３年、落合監督は就任会見で「**現有戦力で10％の底上げ**をすれば必ず優勝できる」とし、左記のような戦略を発表しました。

・秋季キャンプで一軍と二軍を分けない……自分の目で全選手を見るため
・一芸選手を使う……欠点を補うよりも長所を伸ばして自信をつけさせるため

【中嶋聡監督（オリックス）】

中嶋監督のすごさは**選手の力の把握**にあります。一軍だけでなく二軍の選手のデータや調子などを常に把握し、その選手の長所を活かせると判断したらすぐに起用するところに選手へのリスペクトを感じます。「**全員で勝つ**」という**信念**が全選手との信頼関係の強さを表しています。

もう、おわかりだと思いますが、２人の監督のマネジメントから共通する戦略が見えてきます。**「選手一人ひとりの力を引き出し、全員で戦う」**というマネジメントの姿勢です。スクールリーダーにも同様の考えが必須となります。教職員を信頼し、すべての教職員のよさを引き出すとともに、全教職員でキーワードを実現させようとするマネジメントです。落合監督のように、教員一人ひとりの力を10％ずつ向上させ、中嶋監督のように、一人ひとりの教員の長所を活かした学校経営を行っていったら、確実に学校は変わっていきます。

学校経営の戦略を立てる際に、学校組織が「鍋蓋型」の組織であることを頭に置き、「個の力」に頼る戦略ではなく、「全員の力を活かす」戦略を立てることが重要になってきます。優秀な教員に頼る戦略は、即効性はありますが持続力がなく、チームとしての学校の力の底上げにはあまり大きな力を発揮しないばかりか、「あの人に任せておけば大丈夫」という他力本願の教職員が増え、組織がまとまるどころか、向上心が低く、まとまりのない教職員集団になってしまう可能性があります。スクールリーダーは、教職員の長所を把握するとともに、学校にいる様々な世代の教職員の特徴も把握する必要があります。

○戦略づくりは「思い」を口に出すことから〜KJ法を使う〜

実際、どのように戦略を立てるのでしょうか。スクールリーダーだけの思いで戦略を立てることは大変危険です。先述したように、鍋蓋型の組織である学校では、トップの考えや思いがすんなりと理解されることは難しいのです。個人事業主的存在である教職員の思いを大切にすることが必要になります。それは、**戦略を立てるという過程自体が、組織が一つにまとまっていく礎を築くことにつながる**と考えましょう。

具体的な手順を示しましょう。

①主目標（合言葉・キーワード）の確認

②主目標を達成するための方向性の対話と議論〜KJ法を活用〜

・できるだけ多くの教職員で実施（理想は全教職員）

・何をするとよいのか（手立て）のブレインストーミング

・付箋（電子付箋を含む）を活用する

・カテゴライズ…手立てをまとめる

③戦略として必要な手立ての精選…大きなカテゴリーでまとめる

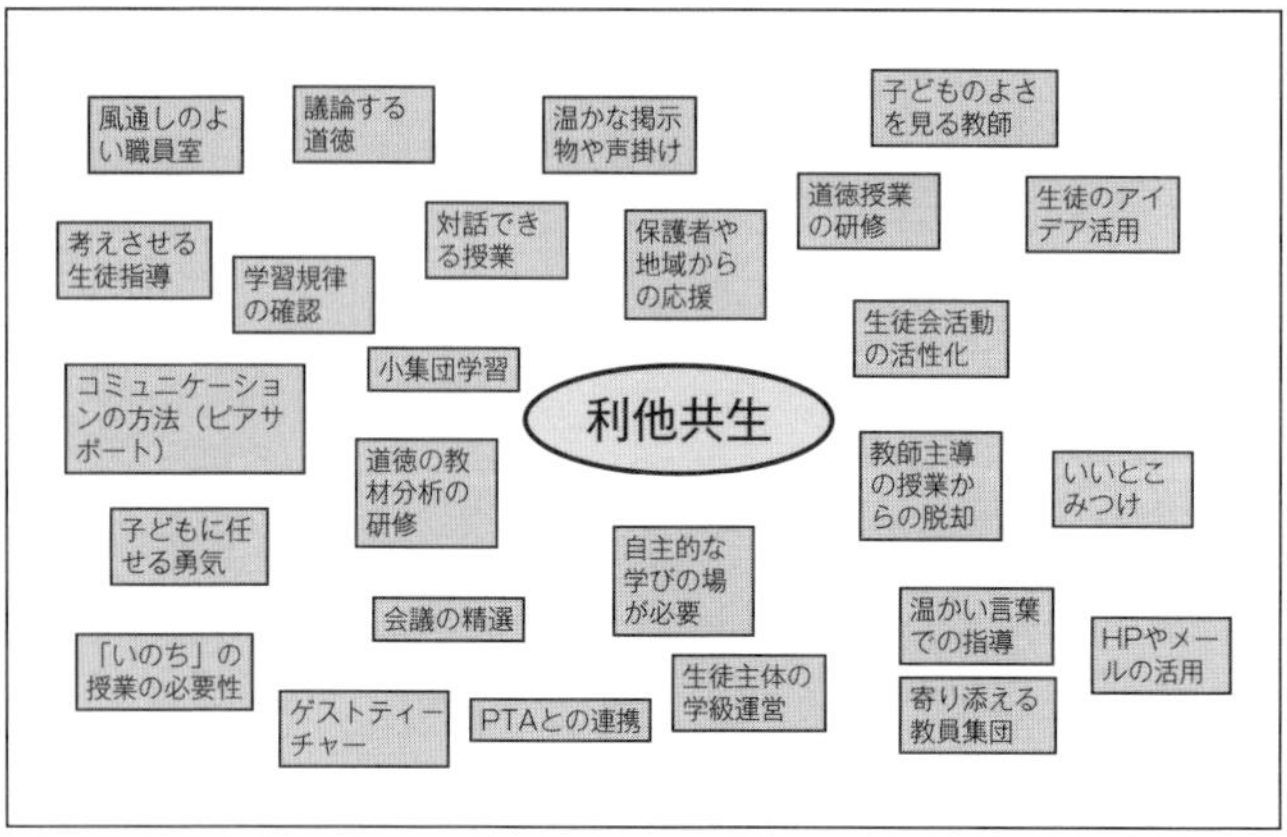

ブレインストーミング

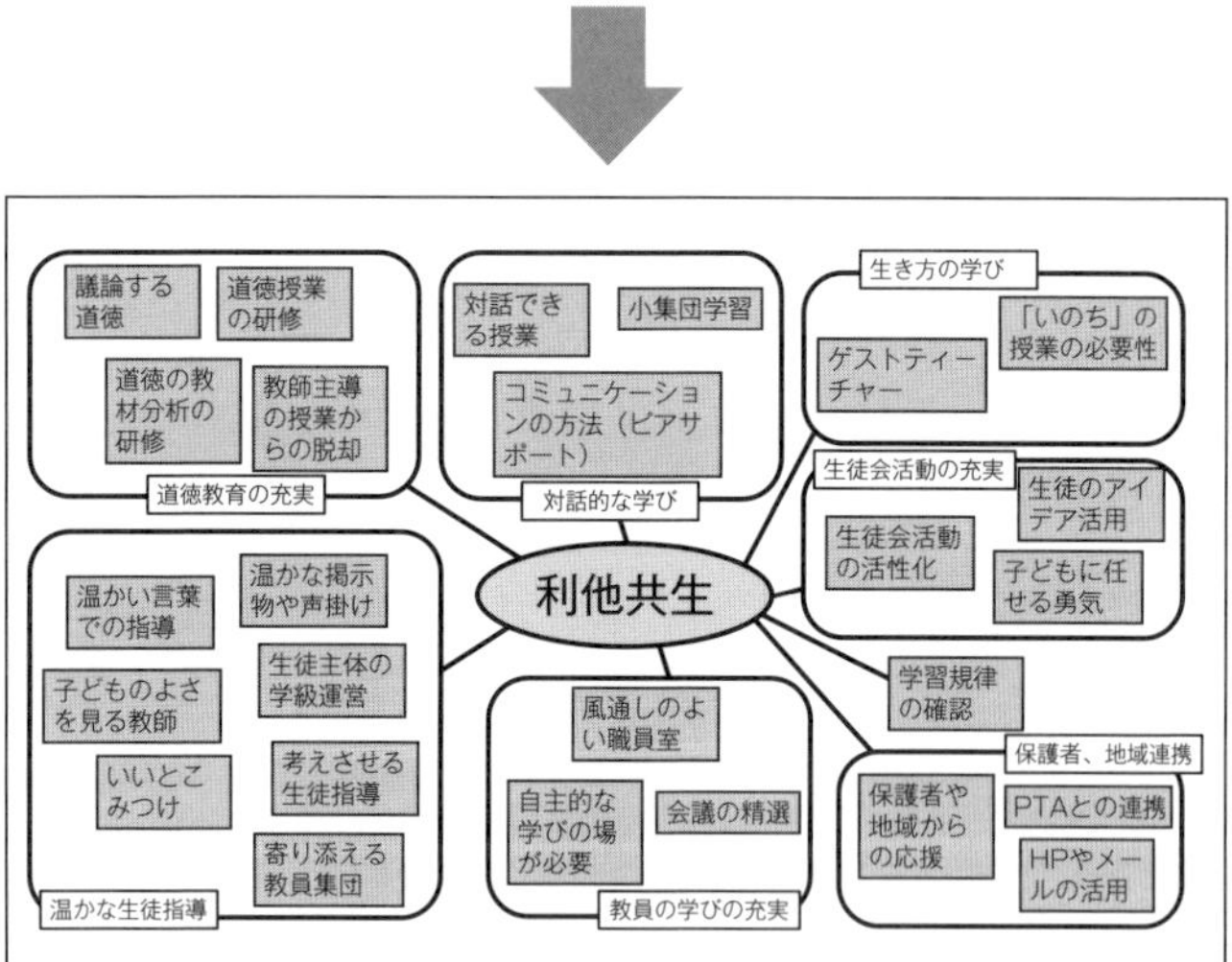

KJ 法によるカテゴライズ

ポイントは、何といっても教職員全員の思いを共有するという点にあります。管理職からのトップダウンでは、鍋蓋式の学校組織は機能していきません。個人事業主型の教職員の思いや考えを吸いあげて戦略にしていくことが大切です。

主目標実現には何が必要かを「ワイワイ」「ガヤガヤ」議論する

これこそが「個の力に頼る」戦略から「教職員全員で創りあげる」戦略への大きな転換のスタート地点なのです。教職員全員で創りあげた戦略です。誰一人クレームを言う人はいないでしょう。逆に、「こんなことをしたい」という教職員が続出してくるのではないでしょうか。児童生徒の学びが「主体的・対話的で深い学び」に転換しつつあるように、私たち教職員の学校経営も「主体的・対話的で深い学び」がなくてはいけないのです。

POINT

学校経営の主目標を実現するための戦略は、全教職員で対話や議論をすることから生まれる「主体的・対話的で深い学び」のあるものでなくてはなりません。

「コミュニケーションを図る」という原則

○今も変わらぬ大原則である「教育は人なり」という原則

「教育は人なり」という言葉があります。皆さん、よくご存じと思います。この言葉は「論語」の中に出てくる言葉で、「教育に最も大切なのは人間性であり、人と人とのよりよい関係（信頼関係）をつくることができるかどうかによって、その成否はかかっている」という意味があります（佐賀県西部教育事務所便り、平成28年第1号より）。学校組織においても同様のことがいえます。教職員間の信頼関係はもとより、教職員と児童生徒の信頼関係、教職員と保護者の信頼関係、そして教職員と地域の人たちとの信頼関係があるかどうかが教育活動の成否を決めるといっても過言ではありません。どれだけ高尚で素晴らしい主目標（キーワード）と戦略を立ててもその原動力となる「人」が動かなかったらキーワードも戦略も「絵に描いた餅」になってしまいます。「人」というエンジンが円滑に稼働するには、人と人とのコミュニケーションという潤滑油が欠かせません。コミュニケーションを通じて信頼関係が築かれていきます。ここでは、教職員間の信頼関係づくり、コミュニケーションの図り方について述べていきます。

○唯一の「希望の灯り」は養護教諭の存在だった

私は、小学校入学から2年間、学校へ登校することができない「登校拒否児」でした。当時は「不登校」ではなくこう呼ばれていました。担任の先生が怖くてときどきしか学校へ行くことができない私の唯一の「希望の灯り」は保健室の先生でした。「よく来たね〜」「おなかすいているでしょう」「ここにいていいよ」といつも優しい声をかけてくれ、飴玉やおにぎり等をくださいました。そこにいると安心でき、少しだけ授業に行って勉強することができたのです。養護教諭の共感的な言葉かけが私を救ってくれたのです。

子どもに限らず、他者から優しい声かけや言葉かけをしてもらえることは本当にうれしいことです。安心感が生まれて、「頑張ってみよう！」という前向きな気持ちも生まれてきます。自分の境遇や思いに共感してもらえることは、自分自身に安心感が生まれるだけでなく、その人への信頼に変わっていきます。

○すべては「共感」から始まる

　道徳の授業づくりの研修会で全国の学校を訪問させていただいています。初めて訪問した学校でまず初めに話をさせていただくのが「共感」することの大切さです。他者の思いを聴くこと、共感することから安心感が生まれ、その児童生徒が主体的に生きていこうとする自己決定力を身につけるようになります。

　これは、教職員も同様です。スクールリーダーからの言葉かけ、声かけを通じて自分自身の思いを話すこと、そして、それに「共感してもらえる」ことはその教職員の安心感につながり、スクールリーダーへの信頼感が生まれ、主体的に活動をしていこうとする意欲に変わります。下図にあるようにすべては「共感」か

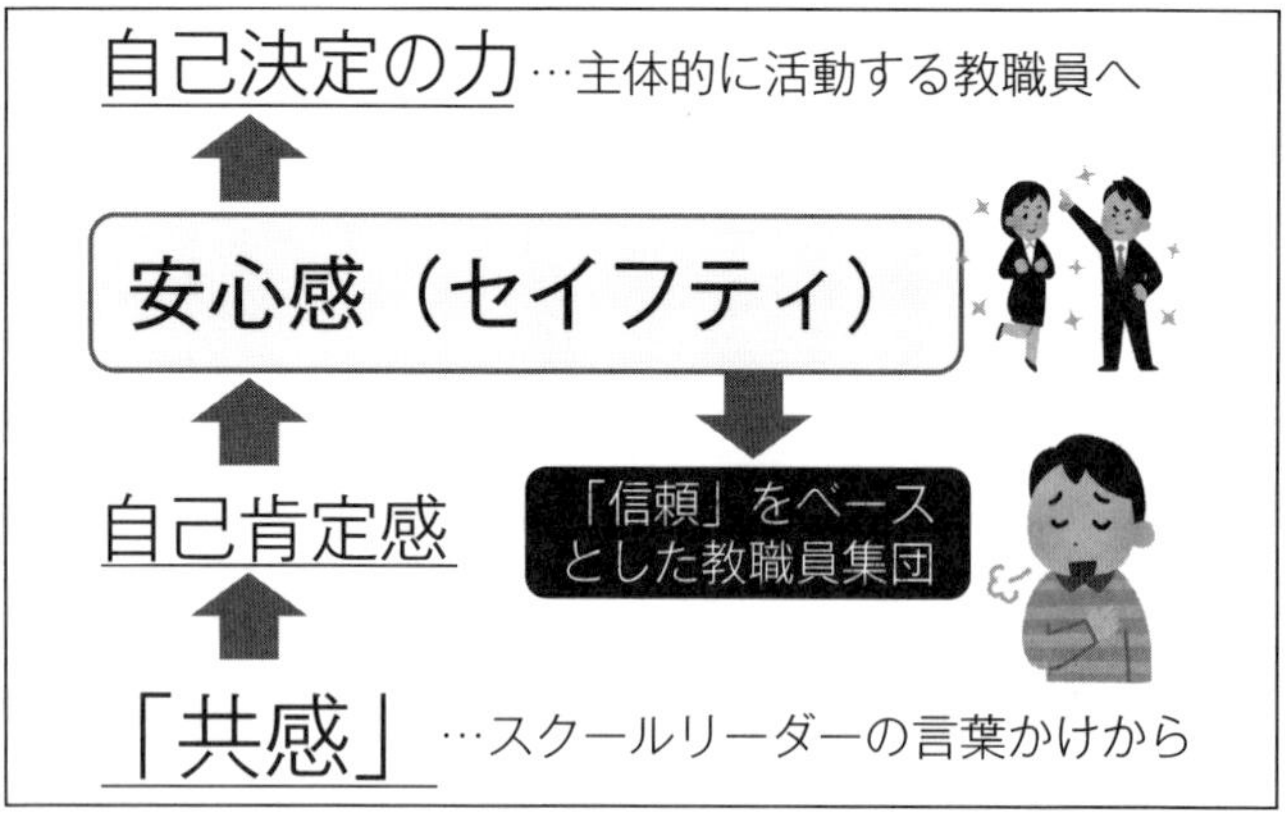

ら始まります。スクールリーダーをはじめとして教職員間で「共感的な対話」が生まれることで、信頼ベースの教職員集団へと変わっていくことができます。では、「共感的な対話」を生み出すものは一体何でしょうか。

「共感」を生み出すアプローチ

①ファシリテーション中心の「探究型」の会議や研修会の実施
②意図的なスクールリーダーの言葉かけ
③積極的なオフサイトミーティング的集まりの開催

●「探究型」の会議や研修会

これまでの会議や研修会は、スクールリーダーが伝達する、あるいは講師が中心になって研修会を引っ張っていくというイメージが強いのではないでしょうか。会議や研修会は、教職員の考えを知るとともに相互理解を図りながら「共感」することができる絶好の場所です。上意下達式の会議や研修会では、教職員がその思いを伝えることは大変難しいと考えられます。教職員の考えや声を聴くには、「探究型」の会議や研修会にシフトチェンジしていく必要があります。

会議や研修会の構成員である教職員が、自由な雰囲気の中で自分の考えを述べ、対話や議論をすることができるような会議や研修会を催すことで、一人ひとりの教職員の考えや思いを知ることができ、お互いに理解し合うことができます。ホワイトボードミーティングやKJ法などのファシリテーションを用いた会議や研修会とすることで、自然と「安心感（セイフティ）」が生まれてきます。詳しくは、第7章で述べさせていただきます。

○意図的なスクールリーダーの言葉かけ

二つ目のアプローチは、意図的なスクールリーダーの言葉かけです。共感的な人間関係ができた中で行う言葉かけは、教職員に対して自己決定をさせていくようなオープン・クエスチョン的なものにします。「こうしなさい」といった指導的なものではなく、「○○についてはどう考えるか」「ここでどうしたらよいだろうか」といったように、教職員に考えさせながら、自分がなすべきことやどの道に進んでいったらよいかということを自己決定させます。それは、将来的には自己実現につながっていくことになります。スクールリーダーは、教職員を支援しながら、自校の主目標の実現へつなげていくことになります。

左上図のように教職員は自己実現を目指し、スクールリーダーは主目標実現を目指します。

ここでポイントになるのが、第４段階にある「協働」です。学校の教職員が一つのチームとして機能するには、「個の力」に頼っていては永久にチームになれません。教職員の自己実現も学校としての主目標実現も「協働」的な教育活動をすることからその実現に向かっていきます。どのような小さな活動であっても「協働」的に活動するようにスクールリーダーは仕掛けていきます。


例えば、「メンター制」を挙げることができます。

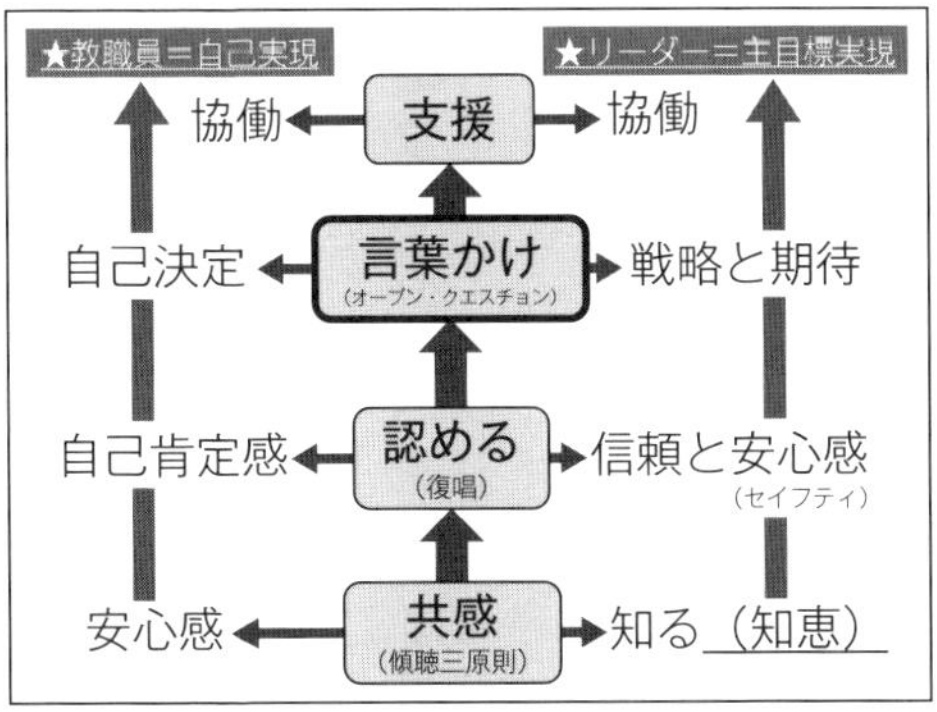

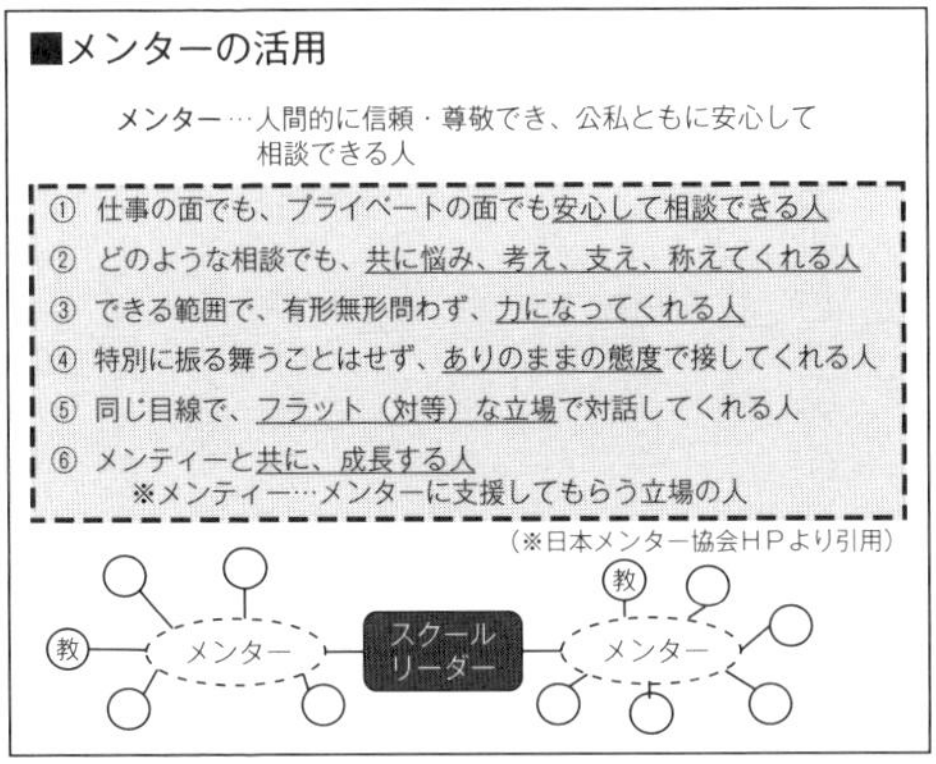

前ページの図にあるように、研究授業や行事の企画・運営、委員会の仕事など小さなことでも、その先生が自己実現を目指そうとしている場合には、スクールリーダーは積極的にメンターを配置し、「協働」的に活動させていきます。活動が始まったら、スクールリーダーは勇気づけの言葉かけを意図的に行っていきます。

○フィードバックの活用

フィードバック（中原淳『フィードバック入門』より）

★情報通知＝（ティーチング）
- ・課題や成果、現状をしっかり伝える
- ・一方向的に知識や技術を伝える
- ・相手の考え方に共感してからストレートに伝える（資料があると説得力がある）

＋

★立て直し＝（コーチング）
- ・客観的なアドバイスや支援を行う
- ・教員に自己の活動を振り返らせる
- ・「問いかけ」によって教員に気づかせる
- ・自分の言葉で振り返らせる

「協働」を大切にしたメンター制とあわせて、フィードバックを活用して言葉かけを行うことをお勧めします。フィードバックとは、上図にあるようにティーチングとコーチングを組み合わせて、教職員自身が自分を変えていこうとする意欲をもつようにしていくコミュニケーションの方法です。ロジカル（論理的）に教職員に言葉かけをすることで、自校の教職員のモチベーションは大きく変わっていきます。そして、メンター制と絡めることで、学校は一つにまとまり始めてきます。ネガティブな考えの教職員が減ってくれば、おのずと学校組織は一つの方向にまとまってきます。詳しくは、拙著『学校を動かすスクールリーダーの言葉かけ』(明治図書)をお読みください。

オフサイトミーティングでゆったり対話

最後に「オフサイトミーティング」の勧めです。「オフサイトミーティング」とは「社外の会議室など職場を離れた場所や環境で行うミーティングのこと」を指しています。学校を離れて、喫茶店や飲食店、居酒屋などで食事をしながら本音トークをすることで、教職員の本音を知ることができ、お互いのことをより深く知ることができます。コロナ禍の中でなくなってしまった大切な文化の一つです。構えることなく自然体で話をすることによって、普段とは違う発想が生まれてきたり、立場や世代に関係なく思いのままに自分の考えを伝えたりすることができます。新型コロナウイルス感染症が5類に移行した今、まずはスクールリーダーが率先してこうした機会を設けてはいかがでしょうか。アイデアは、リラックスした状態から生まれることを歴史が証明しています。

わが教師十戒

①子どもをこばかにするな。教師は無意識のうちに子どもを目下のものと見てしまう。子どもは、一個の人格として対等である。
②規則や権威で、子どもを四方から塞いでしまうな。必ず一方を開けてやれ。さもないと、子どもの心が窒息し、枯渇する。
③近くにきて、自分を取り巻く子たちの、その輪の外にいる子に目を向けてやれ。
④ほめることばも、しかることばも、真の「愛語」であれ。愛語は、必ず子どもの心にしみる。
⑤暇をつくって、子どもと遊んでやれ。そこに、本当の子どもが見えてくる。
⑥成果を急ぐな。裏切られても、なお、信じて待て。教育は根くらべである。
⑦教師の力以上には、子どもは伸びない。精進をおこたるな。
⑧教師は「清明」の心を失うな。ときには、ほっとする笑いと、安堵の気持ちをおこさせる心やりを忘れるな。不機嫌、無愛想は、子どもの心を暗くする。
⑨子どもに、素直にあやまれる教師であれ。過ちは、こちらにもある。
⑩外傷は赤チンで治る。教師の与えた心の傷は、どうやって治すつもりか。

スクールリーダー「十戒」

①教職員を尊重しよう。リーダーは無意識のうちに教職員を「部下」という目で見てしまう。教職員は、学校経営をともに行う大切なパートナーである。
②古い慣習や権威で、教職員を四方から塞いでしまうな。主体的に取り組める自由な空気をつくってやれ。さもないと、教職員の心が窒息し、アイデアが枯渇する。
③自分を取り巻く教職員の、その輪の外にいる話が少ない教職員に目を向けてやれ。
④ほめることばも、しかることばも、真の「愛語」であれ。愛語は、必ず教職員の心にしみる。
⑤時間をつくって、学校以外の場所で教職員と仕事以外の話をしよう。そこに、本当の教職員の姿が見えてくる。
⑥成果を急ぐな。裏切られても、なお、信じて待て。人材育成は根くらべである。
⑦リーダーの力以上には、教職員は伸びない。精進をおこたるな。
⑧リーダーは「清明」の心を失うな。ときには、ほっとする笑いと、安堵の気持ちをおこさせる心やりを忘れるな。不機嫌、無愛想は、教職員の心を暗くする。
⑨教職員に、素直にあやまれるリーダーであれ。過ちは、こちらにもある。
⑩外傷は赤チンで治る。リーダーの与えた心の傷は、どうやって治すつもりか。

○スクールリーダー「十戒」

最後に私が大切にしている「十戒」について紹介します。

教職員との接し方というのは、実は子どもたちとの接し方と全く同じです。長野県で長く教師を務められた毛涯章平先生は、著書『肩車にのって』（信州教育出版社）の中で「わが教師十戒」を示されています。この子どもたちとの接し方を端的に私たちに教えてくださる素晴らしいメッセージは、このまま教職員との接し方に応用することができます。

前ページ下段に示したのが「スクールリーダー『十戒』」です。ここまで述べてきた教職員とのコミュニケーションの大切なポイントを十の言葉でまとめてみました。基本的には子どもたちとの接し方と同じと考えるべきです。一個の人格者としての子どもたちと接するように、学校経営の大切なパートナーとして尊重することから始まります。

― POINT ―

共感をベースとした「探究型」の会議や研修会をするとともにスクールリーダーの言葉かけを中心としたコミュニケーションを図ることで教職員はチームになります。

「学校の中心で『助けて！』と叫ぶ」原則

○プライドを捨てて「助けてください」と叫んでみよう

『世界の中心で、愛をさけぶ』という小説が２０００年代の初めにブームになりました。白血病の恋人が空港で倒れ、主人公が「助けてください！」と叫ぶシーンが印象的な作品です。スクールリーダーはこの主人公のように学校の中心で「助けてください」と叫ぶことが必要なのです。地域や保護者との連携を進めるうえで、とっても大切な叫びなのです。

よく「教員はプライドが高い」と言われます。プライドが高いことは悪いことばかりではないのですが、「自分をよく見せよう、自分の学校をよく思われたい」というバイアスが働くと学校経営のうえで、デメリットが大きくなります。「よく思われたい」という思いは、「都合の悪いことは見せないようにしよう」という行動パターンへとつながっていきます。この思いこそが地域や保護者との連携を断ち切り、「不信感」という大きなマイナス要因へとつながっていきます。スクールリーダーは、このちっぽけなプライドをまず捨てることが、地域や保護者との連携のスタートにつながることを強く意識すべきです。ちっぽけなプライドは絶対にもってはいけません。

プライドの代わりにもつべきもの、それは、地域や保護者とのつながりを求める強い思いなのです。その思いを代弁しているのが「助けて」という言葉なのです。「学校の中心で『助けて！』と叫ぶ」という原則というのはそうした意味を表しています。

今、学校は様々な課題を抱えています。それらを学校の教職員だけで解決しようということは不可能なことです。専門家はもちろんですが、地域や保護者の理解や応援を得ることこそが解決への最短の道といえます。地域や保護者の方もその多くが「学校のために何かしたい」と考えていらっしゃいます。

私が教頭として勤務した中学校は、いわゆる「荒れた学校」で日々生徒指導が絶えない学校でした。4月、その学校のPTA役員になられたAさんは、教頭である私に「先生、この学校を変えるために何かしたい」「おやじの会はつくれないだろうか」と声をかけてくださいました。喉から手が出るほど、こうした支援に飢えていた私は、「助けてください」「助かります」と本音を伝え、Aさんとともにすぐに設立に向けて動きました。同じような思いの方がたくさんいらっしゃり、すぐに設立することができました。この設立を機に、多くの地域や保護者の方が学校に足を運び、生徒の活動に関わってくださいました。

不思議なもので、あれほど荒れていた学校は徐々に落ち着きを取り戻していきました。学校の主目標であるキーワードを教職員だけでなく、地域や保護者の方にも共有し、「助けて」という合図とともに学校に関わってもらうことで、学校の組織づくりは完成に近づいていきます。

○主体的なPTA活動は、保護者の意識を変える

何かと話題になるPTAの活動。強制加入や活動の強制、平日の活動の是非などが問われています。問題になるのは「強制」という言葉ではないでしょうか。「やらされ感」が強いのではないでしょうか。そして、活動自体がマンネリ化してしまっていて何のためにやっているのかがわからなくなってしまっているのです。スクールリーダーが発する「助けて」という言葉は、PTA活動に目標を与える言葉なのです。「学校が荒れているので助けてください」というSOSの発信は、「落ち着いた学校生活を取り戻す」という学校

の主目標を保護者と共有することにつながります。そこに「凡事徹底」というキーワードがあれば必然的にＰＴＡは動きを開始します。ここでいう動きとは「主体的な動き」を指しています。先述の「おやじの会」は数名からスタートしました。様々な活動を繰り広げる中で、徐々に志ある方の参加が増えていきました。それに呼応するように本体のＰＴＡ活動も、人数は少なくとも主体的に参加できるようなものに変化していきました。参加者を集めることがねらいではなく、子どもたちのために活動することをねらいにすることで、活動内容も充実し、こちらも参加者はどんどん増えていきました。子どものためになる活動には保護者は参加をするのです。「強制」ではなく「共生」的な活動であれば、保護者は大いに理解をしてくれます。保護者や地域の方が「面倒だ」と感じるのは、形式な行事や取組、慣習的に続けてきた内容であって、子どもたちのためになることなら主体的に関わってくださいます。「助けて」と叫びましょう！

POINT

スクールリーダーからの「助けて」という発信は、キーワードを共有するきっかけの言葉となり、地域や保護者の主体的な支援・応援活動が可能となります。

「発信と受信」という原則

秋なのに桜が満開という残念なホームページ

毎年、多くの学校や自治体から管理職研修会や道徳授業の研修会の講師としてお声がけをいただきます。その際、訪問する前に必ずその学校のホームページ（ＨＰ）を閲覧させていただきます。どのような学校であるのかという情報を得るためです。多くの学校ではタイムリーな記事が毎日のように更新されていますが、残念なＨＰに遭遇することもあります。

秋にも関わらず、ＨＰには、まだ桜の花が満開の写真が掲載され、「1年間どうぞよろしくお願いいたします」と校長先生のあいさつが堂々とトップページに鎮座しているというＨＰ。研究や研修の様子が知りたいのに、そもそもカテゴリーが作成されていないＨＰ。

極めつけは、最終更新日時が２年前という絶望的なＨＰ。

学校広報は、すべてのものを結びつける接着剤

これらのＨＰは本当に一部の学校ですが、やはり心配になります。ＨＰに限らず学校広報は、学校と学校に関わるすべてのものを結びつける接着剤の働きをするからです。学校広報が脆弱だと、教職員、子どもたち、保護者、地域の方、その他学校関係者は豊かな情報を得ることができず、学校がどの方向に進もうとしているのかがわからなくなってしまいます。すなわち、学校に対する関心が薄まり、学校との距離ができ始める瞬間です。ここから学校に対する不信感が芽生えてきます。

学校からの発信が日常的なもので、しかもタイムリーなものであれば、学校で何が行われ、どこへ進もうとし

ているかがはっきりと見えてきます。学校に関わるすべてのものが安心して子どもたちの教育に関わることができる状況であるといえます。学校の教育活動が透明感をもって見えているということは、同じ方向を向いて進んでいこうとする空気ができ始めるということです。この空気感こそが、「接着する」ということなのです。そして、この空気感を創り出すのが「学校広報」なのです。

○発信なければ受信なし

「発信なければ受信なし」

この言葉は、私が初めて校長になったころに、尊敬する先輩の校長先生から教えていただいた言葉です。この先生は、当たり前のように毎日ＨＰを更新していらっしゃいました。日々の出来事はもちろんですが、学校の教育目標、教員の研修の様子、地域との関わり、ＰＴＡの活動、学校が困っていること、自然の変化など多岐にわたって記事が更新されていきます。当然ながらアクセス数は、他校とは比較にならないほど群を抜いていました。

この先生が発せられた言葉が「発信なければ受信なし」という言葉なのです。

当然のことですが、学校が情報を発信しなければ、子どもたちや教職員、保護者や地域からのフィードバック（受信）もないということです。フィードバックがないということは、一方的で独りよがりな教育を行っているということにほかなりません。学校がチームになるには、情報という接着剤によって学校に関わるすべての人がつながらなくてはなりません。発信があるからこそ、受信があり、双方向での情報共有ができます。一方的な教育活動ではなく、**すべての人が協働的に子どもたちの教育活動に関わるためには、「発信」が極めて大切になります。**学校広報が充実していることは、学校がチームとなるうえでなくてはならないものなのです。スクールリ

学校広報の姿

	子どもたち	教職員	保護者	地　域
学校 HP	学校の方針 日常の様子 連絡	学校の方針 日常の様子 授業や行事 研修の様子	学校の方針 日常の様子 連絡、PTA 課題や問題	学校の方針 日常の様子 地域との連携
メール、SNS	連絡	連絡 緊急対応	連絡 緊急対応	
紙媒体	学級通信 学年だより 学校だより 校長通信	校長室より 研究通信 生徒指導メモ	学級通信 学年だより 学校だより 校長通信	地域通信
講演会や挨拶	集会 式辞 挨拶	集会、式辞 挨拶 職員会議、研修	PTA 活動 授業参観	地域行事 学校運営協議会

ーダーは、「発信」を強く意識して学校広報を進めていかなくてはなりません。

学校広報の切り札である「学校HP」

では、学校がチームになるための学校広報とは、具体的にどのようなものなのかを考えていきましょう。

まずは、学校広報の切り札的存在である学校HPが何よりも大切です。新鮮な情報を多くの人に提供できるという点で大変すぐれた情報伝達ツールです。したがって、下図のようにベタな記事を毎日更新することが大切です。また、この学校HPは教職員も閲覧するわけですから、内部に向けた

学校ホームページの活用
…ベタな記事を頻繁に、そして思いを伝える

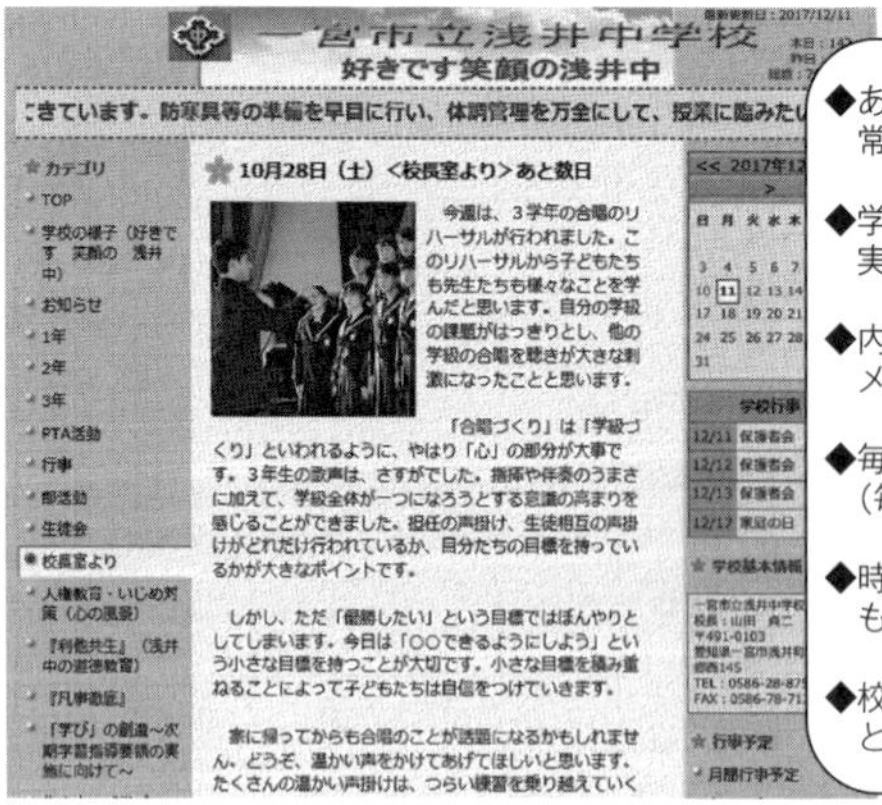

- ◆ありのままの学校の日常を伝える
- ◆学校の方針や重点目標、実施状況を伝える
- ◆内部の教職員に向けたメッセージとして
- ◆毎日更新は当たり前（毎日10本程度）
- ◆時にはマイナスな部分もありのままに
- ◆校長自らが発信することで学校をよく診る

メッセージとして発信することもできます。例えば、研究授業の振り返りや学校のマイナス面を掲載することが教職員を大いに刺激することになります。こうしたことができるのは、やはり校長をはじめとするスクールリーダーであることを自覚する必要があります。記事の更新については下図をご覧ください。スクールリーダーを中心にして全教職員で取り組むことが、学校を一つのチームにする第一歩です。そして、そこで満足せず、記事の更新は、子どもたちも保護者も参加するまでの高みを目指していってほしいと思います。本当の意味で「開かれた学校」になり

★記事の更新について★

(1)日常のベタな記事でよい
ありのままの子どもたちや学校の様子を見てもらう。

(2)継続して更新する
特別な日だけでなく、毎日更新をすることによって、読者にとって閲覧することが当たり前のこととなり、学校の様子を継続的に見てもらえる。

(3)記事に価値付けをする（一言でよい）
事実だけを伝えていく記事ではなく、価値付けをすることで、閲覧者は子どもの成長だけでなく、学校の思いや考え方を知ることとなる。
※価値付け…子どもの成長、学校の考え方、活動の意義、ねらいと反省 etc.

(4)いろいろな立場の人が更新できる
児童生徒、保護者、地域の人が発信できるようなシステムをつくると双方向の効果が生まれる。

(5)管理職こそ記事をあげるべき
管理職として学校をどのように経営していくかを、４月だけでなく日々発信していきたい。さあ、カメラを持って教室をのぞいてみましょう。学校で何が起きているかがよくわかるようになりますよ。

(6)担当をひとりにするのではなく、全員が担当者である意識を育てる。

ます。協働的な学校経営とはこのようなことから始まります。

●継続的な発信はバイブルに

学校ＨＰと同じく、スクールリーダーに取り組んでほしい発信の一つが紙ベースの教職員への発信です。私は、毎週Ａ４用紙一枚の「校長連絡メモ」なるものを発信していました（下図参照）。

・一週間の振り返り　・対話の作り方
・今週の生徒指導　・学級経営の在り方
・学習の状況と目標　・行事への取組

これらはごく一部ですが、教職員が日々の指導に役立ちそうな情報を発信しました。初めのころはゴミ箱に捨てられている光景も目にしましたが、徐々にファイリングする先生が増えてきま

『利他共生』　～校長連絡メモ～（9）

H29.5.8

1．今週の生活指導目標＝「黙って掃除に取り組もう。」

＜指導のポイント＞

(1)始めと終わりのあいさつの確認

□ 礼に始まり礼に終わる　→　「お願いします」「ご苦労様でした」から感謝の感謝の心を！
□ ４月に作ったシステムが機能しているか確認が必要です。
□ 先生方がみえなくても、班長が自主的にあいさつを行えるよう指導を進めましょう。

(2)「黙掃」の取り組み

今週も、黙って自分の役割を果たすことができるよう意識付けをお願いします。

(3)丁寧な巡回

□ 自分のクラスの清掃場所には、必ず足を運び、清掃ができているかを確認ください。
□ 清掃道具の整とんについても必ずご確認ください。
□ 道具の使い方やどこをどのように清掃するかという具体的な指示が必要です。

2．教員評価制度について…別紙参照

(1)目　　的

学校の教育力は、教育の直接の担い手である教職員によるところが大きく、本県では、教職員評価制度を実施し、教職員の人材育成と能力開発を目指すとともに学校組織の活性化と教育活動の充実を図っています。

した。学校を去る際に、ある若い先生がファイルの束を持ち、「校長先生、これは私のバイブルです」という言葉をくれました。涙が止まらなかったことを今でも覚えています。継続するということはすごい力を発揮するものです。静かなる発信も教職員を育て、学校をチームにすることに大きな力を貸してくれます。

○日常的な紙ベース発信は静かなる研修タイム

「校長連絡メモ」には、学習について記述されたもの（小集団学習の在り方等）もあります。学校として同一方向に進みたいときには、こうした確認できるものが必要となります。教職員が安心して子どもたちの指導に当たることができます。チームになるとは、同じ方向を向いて指導を進めていくことにほかなりません。スクールリーダーとともにどのような学校をつくっていくかを具体的に示したものが、こうした紙ベース（現在ではデータ配信も多い）の情報なのです。こうした情報は、子どもたちへの指導を進める中でタイムリーに発信することが大切です。その季節、その節目の行事、その集会といった重要なタイミングを逃すことなく発信していきます。いわば**「静かなるＯＪＴ」**と言えるかもしれません。ＯＪＴとは On the Job Training（オン・ザ・ジョブトレーニング）の略で、職場の上司や先輩が、部下や後輩に対して、実際の仕事を通じて指導し、知識、技術などを身につけさせる教育方法のことです。研修会や職員会議はそれほど多く行うことはできません。日常的な発信こそが教職員を一つにまとめていく原動力となるのです。打ち上げ花火的なイベントが中心の教育活動になってしまうと、イベントを行うことが目的になってしまいます。そうではなく日々の教育活動を大切にします。その集大成としての研究発表や公開授業であるならば大きな効果があります。**静かなるＯＪＴ**も、学校を一つにし、チームにすることに大きな力を貸してくれます。

— POINT —

学校ＨＰや紙ベースの情報紙を通したスクールリーダーによる学校広報は、学校に関わるすべての人をつなぐ接着剤であり、学校が一つになる原動力でもあります。

第 2 章

教頭・副校長と協力して組織をまとめる法則

「自律性」をもった名参謀を育てる法則

悲しい「ライオン顔パソコン」

以前、ある教頭先生から相談を受けたことがあります。朝、学校に行くと自分のパソコンがライオン顔になっているというのです。詳しく話を聞くと、教頭先生が帰った後、校長先生が確認事項や心配事を付箋に書いて教頭先生のノートパソコンに貼り付けていくので、ノートパソコンがライオンの顔のようになってしまうというのです。

なんて悲しい状況でしょうか。口頭で言えばよいことをわざわざ文字にする。校長先生にも事情があるのでしょうけれど、この

教頭先生はどんな思いでしょうか。自分が信頼されていないことの悲しさと悔しさはいかばかりかと思います。校長にとって最も大切な「相棒」であり「参謀」である教頭や副校長とコミュニケーションが取れないということは、学校経営においては致命傷といっても過言ではないでしょう。豊臣秀吉には黒田官兵衛が、読売ジャイアンツの日本シリーズ９連覇の監督である川上哲治氏には、牧野茂ヘッドコーチが、人気テレビドラマ『相棒』の杉下右京には相棒の亀山薫がいるわけです。何かを成し遂げるには、チーム力が重要です。そのチームをつくっていくのはスクールリーダーです。スクールリーダーもチームでなくてはなりません。学校においても同様です。そうした意味では、教頭や副校長の存在は極めて重要であることがわかります。最愛の「相棒」であり「参謀」である教頭のパソコンをライオン顔にするようなトップリーダーにチームを創り上げていくことは極めて困難です。

校長と教頭、副校長の間に形式的な上下関係をつくったり、自分の考えや思いを忠実に遂行するだけの下請け業務をさせたりするのではなく、教頭や副校長を信頼し、そこに「自律性」をもたせることが大切です。自分を律するだけでなく、校長の考えや活動をも律してくれます。黒田官兵衛や牧野茂ヘッドコーチ、亀山薫の活動が証明しています。

○相棒や参謀に必要な「自律性」とは

タイヤメーカーであるブリヂストンの元CEOである荒川詔四氏は、著書『参謀の思考法　トップに信頼されるプロフェッショナルの条件』（ダイヤモンド社）の中で、参謀に求められる条件として**「自律性」**と**「現場主義」**の二つをあげています。

荒川氏によれば、「自律性」というのは、自らの実践と思考を通して磨き上げた「原理原則」を厳守するところから生まれ、**独立した思考力や判断力**をもち、トップよりも数手先を読んだ戦略を考えることの必要性を説いています。トップである校長も人の子、間違いもあればミスもあります。そこを補うとともによりよい方向に軌道修正していくことができるのが名参謀です。「イエスマン」では、よりよいものは創れないばかりか、ときとして間違った方向への活動を加速させてしまうことにもなりかねません。

先に紹介した読売ジャイアンツのヘッドコーチであった牧野茂氏は、当時の川上哲治監督が導入しようとしたアメリカ大リーグの「ドジャース戦法」のヴィジョンを徹底的に学びます。『ドジャースの戦法』の本がボロボロになるまで読み込み、丸暗記までしたそうです。そして、徹底的な管理野球を導入し20勝投手がいなくても、チーム打率が最下位でも優勝するチームを監督とともに創り上げたのです。

学校経営でも同様のことがいえます。校長の指示を待ち、保護者や教員に振り回される「支える」教頭・副校長から、校長のヴィジョンの実現に向け積極的に関わる**戦略的な教頭・副校長**が必要とされています。ここで、一つ重要なことがあります。スクールリーダーが最終的に責任をもつということです。教頭・副校長が「自律性」を十分に発揮するためには、安心感（セイフティ）が必要です。最終的な責任を校長がとってくれるという安心感が、教頭や副校長の素晴らしくも創造的な活動を生むのです。

○「あなたに任せます」という残酷なミッション

ある教頭は、よく校長室に呼ばれます。言われる言葉はいつも同じ。「この件、あなたはどうしたい？」と。それに対して自分の考えを伝えると、「では、あなたに任せます」……。

教頭や副校長に意見を求めることは大切なことです。「自律性」を育てるうえでも大切なことです。しかし、「あなたに任せます」という言葉には、「私は判断しないので、あなたの責任です」と暗に「失敗したら責任を取りなさい」という意味合いを含んでいるのです。スクールリーダーは、参謀である教頭や副校長に意見を求めますが、最終的には自分で判断をする必要があります。校長が最終責任をもってくれるからこそ安心して学校経営の参謀や相棒として活動ができるのです。

○職員室をチームに組織する「現場主義」

「自律性」と並んで参謀にとって大切な条件が「現場主義」です。スクールリーダーである校長よりも教頭や副校長は教職員に近い立場にあります。教頭や副校長は、「自律性」をもって校長とともに学校運営を担いますが、反面、現場にいる教職員の願いや思いを代弁するという大きな役割ももっています。

戦略的な教頭・副校長になるためには、

①コミュニケーションの工夫
②学校教育の課題把握と対応
③協働体制の構築

校長の指示を待ち、保護者や教員に振り回される教頭（**“支える”教頭**）

⇩

教頭職に楽しさを見い出せず

⬇

校長のヴィジョンの実現に向け積極的に関わる教頭（**“戦略的”教頭**）

⇩

教頭職にやりがいと楽しさを感じる

■教頭・副校長の組織マネジメントのポイント

(1)「コミュニケーションの工夫」
★教職員と交流するだけではない
★教職員のよさを見出し活かす
★じかに教職員と動く
(2)「学校教育の課題把握と対応」
★組織のSWOTを分析
★課題に対する具体的な動きを模索する
★校長の方針を具体化する（焦点化）
(3)「協働体制の構築」
★チーム学校の創造
★教頭が「要」としての役割をもつ
★ミドルリーダーの養成

この三つが大切です。「現場主義」を実現するための行動指針と言ってもよいでしょう。

○コミュニケーションの工夫

先に紹介させていただいた牧野茂氏は、チームとして戦うことができる組織をつくるために選手のことをよく知り、選手を活かす野球を作り上げました。

★三塁コーチスボックスにコーチが立ち選手にサイン
★ケガや病気による選手の二軍調整
★柴田勲選手のスイッチヒッターへの転向

現場に立ち、選手一人ひとりを活かそうとする姿勢は学校経営でも活かすことができます。コミュニケーションというのは、教職員と交流することは当たり前です。それに加えて教職員一人ひとりの特性を見極め、一人ひとりの能力を活かしていくということに他なりません。校長も同じ姿勢で臨みますが、職員室という最前線にいる教頭や副校長こそがその情報を把握する役割を担っているといっても過言ではないでしょう。与えられた戦力に不平や不満を言っているスクールリーダーの学校は決してチームとしてまとまることはありません。一人ひとりを理解し、どんな教職員も活かしていこうとするスクールリーダーの学校こそがチームとしてまとまりを見せてきます。

○学校教育の課題把握と対応〜強みを活かす〜

次は、当たり前すぎて申し訳ないのですが、学校現場の課題を把握する力とそれに対応する力です。「課題を把握する」というと、どうしても悪い面を探して何とかしようとします。現場の状況を分析するとき「ＳＷＯＴ分析」という手法が使われるときがあります。下図をご覧ください。

「SWOT分析」とは、自校の外部環境と内部環境をStrength（強み）、Weakness（弱み）、Opportunity（機会）、Threat（脅威）の四つの要素で要因分析する手法のことを指しています。ここで着目したいのは、プラス要因である強みと機会です。どうしてもマイナス要因である弱みと脅威を何とかしようとしますが、それは基本的にかなり時間がかかることになります。それよりも**今できている強みと機会を活かして大きく伸ばす**方が早いのです。課題を何とかしようとするのではなく、強みをさらに伸ばすことで、実は課題も解決されていきます。

学級の子どもたちのできないところを変えていくことはかなり「しんどい」ことです。しかし、その子の強みを伸ばしていくと、すべてが変わり始めます。同じことなのです。先生たちもその方が楽しく成果を楽しみながら業務にあたることができます。

私が教頭になった中学校は、いわゆる「荒れた学校」でした。赴任初日から驚きの連続でした。毎日ガラスが割れ、タバコの吸い殻が学校周辺に何本も捨てられ、エスケープも日常的に行われているという状況でした。教職員は、生徒指導に振り回され、かなり疲弊していました。「何とか落ち着いた学校にしたい」と誰もが思っているのに悶々とする日々でした。

生徒指導に疲れてしまい自校のマイナス面しか見えなくなっていたのです。そこで、マイナス面ではなく、この学校の強みと機会を活かすことを考えました。

強み…明るく裏表がない素直な生徒が多く学力も高い。また、教員は若い世代が多く、前向きに取り組もうとする傾向が強い。
↓
道徳の授業研究による授業の質の向上

機会…保護者や地域の人は学校に対してかなり協力的であり、何か力になりたいと考えている。
↓
生徒と関わりをもたせるPTA活動の活性化

この二つのプラス要因を活かすにはどうしたらよいか。強みを活かすには、授業を構築し直すこと。機会を活かすには、生徒と関わりのあるPTA活動を展開すること。この二つが学校を強靭化し、弱さや脅威を乗り越えていけると考えたのです。実際に、自主的な道徳の授業研究を若い教員とともに開始すると多くの教員が参加するようになり、授業が徐々に変わっていきました。PTA活動では、「おやじの会」を組織するとともに、合唱指導や清掃指導、部活動交流、学習支援などのボランティア活動を始めると地域の大人が学校に来ることが多くなり、学校に落ち着きが見られ始めました。それまで課題であった生徒指導に振り回される日々から解放され始めます。数年続けていくことで、この学校は大きく変化をしていきました。現場主義の成果と言ってもよいでしょう。

○協働体制の構築

最後に、本著の大きなねらいである「協働体制の構築」です。教頭や副校長は、スクールリーダーである校長と職員室の教職員をつなぐ「要」の位置にいます。チーム学校を創り上げていく実務のリーダーといっても過言ではありません。

教職員のよさをどのように活かし、どのように協働体制を築くかが問われています。先述の牧野茂氏は、今では当たり前になっているストッパー、セットアッパーという投手起用を取り入れるとともに、徹底した「管理野球」の導入をします。20勝した投手が0人でチーム打率が最下位でも優勝できたのは、チームとして試合に臨めたからに他なりません。

私が教頭を務めた中学校でも道徳の授業研究が進み、授業づくりを中心としてまとまりができ始めると、学年を中心とした「ローテーション道徳」が始まり、生徒指導も腕力のある先生だけが行うのではなく、生徒に寄り添った包摂の生徒指導により、教職員の誰もが関わることができるようになりました。このように、校長の方針を具現化し、チームを創り上げていく実務家としての教頭・副校長の存在は「協働体制の構築」という大きな役割をもった極めて重要な存在といえます。教頭・副校長をこのような存在に育てあげるのがスクールリーダーの役割の一つといえます。

POINT

教頭や副校長は、「自律性」と「現場主義」という二つの条件を持ち合わせた「戦略的な教頭・副校長」として、教職員をチームとしてまとめあげることが大切です。

第3章

ミドルリーダーを育てて組織をまとめる法則

主任にする人がいない！どうするリーダー

◯「ミドルリーダーがいないんです」という悲痛な叫び

道徳の研修講師として全国の学校を訪問させていただいていますが、多くの学校で管理職の先生からお聞きする言葉があります。「ミドルリーダーがいないんです」「どうしたら若手が育つでしょうか」という言葉です。

「そもそも育てるべきミドル層自体がいない！」「誰が育てるんだ?!」「そんな時間はない！」というような恨み節が、あちらこちらから聞こえてきそうです。地域や学校によって差があると思いますが、教員の大量退職、大量採用の状況が、ここ数年続いているのではないでしょうか。私が勤務していた地域でも教務主任や学年主任を任せる人材がいないという大きな課題を抱えています。ミドルリーダーが学校経営にとってなくてはならない存在であるのに、しっかりと育っていない現状があります。

ところで、ミドルリーダーとはそもそもどのような人たちを指しているのでしょうか。トップとローワーを結ぶ連結ピンとして、校長・教頭の補助、担当校務の企画運営、関係教員の連絡調整・支援を行う存在。具体的には、主幹教諭、指導教諭、教務主任、研究主任、生徒指導主事、進路指導主事、学年主任などが当てはまります。つまり、組織の問題解決において戦略的役割を果たしうる教職員で、組織の中で教職経験や教育実践を踏まえた知恵や力量を活用し、学校経営に貢献する教職員と捉えることができます。当然、教職経験10年から20年目ぐらいの教職員がターゲットとなってきます。しかし、先述のようにその層が少なく、育っていない。さあ、どうする？　スクールリーダー。

○ミドルリーダーにはどんな力が必要？

では、ミドルリーダーにはどんな力が必要なのでしょうか。和歌山県教育委員会が令和3年に出した「主任等に求められる資質・能力　自己評価シート」には、次ページの図に示したような資質や能力が挙げられています。これだけの力を身につけさせようと思うとかなり時間がかかりそうです。腰が引けてしまう方もいるかもしれません。岐阜聖徳学園

主任等に求められる資質・能力　自己評価シート

視点	組織マネジメント				人材育成	教育に対する使命感	
基準	構想力	調整力	行動力	連携力	育成力	省察力	垂範力

（和歌山県教育委員会　令和３年４月）

大学の玉置崇氏はもっとシンプルに次の二つの能力を挙げています。

(1) 課題解決能力
・課題を分析し、解決策を具体化する
・課題解決に向けて実践する
・実践の成果を振り返り、改善する

(2) 同僚性の構築力
・コミュニケーション力
・プレゼンテーション力
・人間関係調整力

もう皆さんは、お気づきだと思います。玉置氏が示されている二つの能力である「課題解決能力」と「同僚性の構築力」は、現行の学習指導要領が目指している「主体的な学び」と「対話的な学び」が目指している資質や能力と同じであるということです。

「課題解決能力」は、「主体的な学び」と同じように、課題を発見し、それらを分析して解決への方法や見通しを立てて、課題解決への実践をする。そして振り返りをして、さらなる高みを目指すという能力は、学校や学年の課題を解決し、ウェルビーイングを創り出すうえで、なくてはならない重要な能力といえます。一方、「同僚性の構築力」は、「対話的な学び」と同じように、学校にいるすべての教職員を価値のある存在として尊重し、多様な人々と協働しながら、課題を解決する能力です。教職員とのコミュニケーション能力はなくてはならないものです。自分の考えを押し付けてしまったり、逆に他者の考えを聞くことはできるが、それをまとめることができなかったりしてしまえば、学校はチームになるどころか、一触即発、常に火種を抱えるバラバラの状態になってしまいます。「課題解決能力」と「同僚性の構築力」こそが、ミドルリーダーにとって必要な能力といえます。では、これらの能力はどのように育っていくのでしょうか。

これらの力を身につけさせるのは、やはり「経験」という要素が大きなポイントとなってきます。しかし、「経験」を待っているということは何もしないのに等しいといっても過言ではありません。育てるということは、この「経験」の時間を大幅に短縮していくということです。長年経験することを、ギュッと凝縮して短期間で良質の経験をしていけば同じような効果は期待できます。そして、それが受動的ではなく、主体的であれば成長も早いと考えられます。ミドルリーダーを育てるためのそんな魔法のような方法があれば、すぐにでも実行したいスクールリーダーも多いのではないでしょうか。魔法ではないにしても何らかの方向性が見つかれば、学校経営に活かしていけます。そんな方向性を探っていきたいと思います。

意気揚々と立派な教育目標を掲げたものの、それを実行していくミドルリーダーがいない。口は出すけど動かないベテランと、いつでも動けるものの指示待ちの若手層は充実しているが、肝心のミドルリーダーがいない。そんな閉塞感を打破していくのがＹＭＬ（ヤング・ミドルリーダー）の育成です。

○いないなら創ってしまおう〜ＹＭＬを主任に育てる〜

ミドルリーダーがいないならば、創るしかありません。ここはスクールリーダーとして腹をくくる大切な場面です。

幕末、長州藩萩城下の松本村に松下村塾という有名な私塾が存在しました。吉田松陰が同塾で指導した短い時期の塾生の中から、幕末より明治期の日本を主導した人材を多く輩出したことは誰もが知るところです。松陰が直接指導した期間は、わずか１年と９か月。

なぜ、短期間にあのように優秀なリーダーを育てあげたのでしょうか。松陰は、「わたくしは師ではない。君たちとともに学ぶ一介の学徒だ」と言い続けていたそうです。彼の教育方法は、常に塾生に「問い」をもたせて探究をさせたのです。

この手法が学校でのミドルリーダー育成に大きなヒントを与えています。育てようとするから苦しくなるのです。**「ともに学ぶ」という姿勢でミドルリーダー育成に取り組むことこそが近道だ**といえます。松陰先生と同じように、スクールリーダー自身も学ぶ姿勢で臨まなくてはなりません。ＹＭＬ育成は、学校づくりと考えることが大切です。人材育成はスクールリーダーの重要な〝学び〟の一つと捉えることが重要です。スクールリーダーがプロデューサーとなり、若手を導くインストラクターであるＹＭＬを創るということです。敏腕プロデューサーとなり、若手のミドルリーダー育成を演出してみませんか。「教える」のではなく、「ともに学ぶ」姿勢をもって。

―POINT―

ミドルリーダーの育成は、「ともに学ぶ」という姿勢をもち、探究的な活動をさせることから始め、学校を活性化させていくことが重要です。

YMLって何だろう？

YMLとは何か

さて、YML（ヤング・ミドルリーダー）とは何か。そんな言葉は教育界にはきっとないと思います。ちょっと昭和の香りもしますが、7、8年ほど前に私が勝手につけたネーミングです。就職氷河期には、ほとんど新卒の教員の採用がありませんでした。そうした世代がミドルリーダー世代にあたる三〇代後半から四〇代になり、当然のことですが、ミドルリーダーがほとんどいないという状況となり、そうした中で使い始めた言葉です。下図は、多くの学校に

学校内の年齢による教員構成

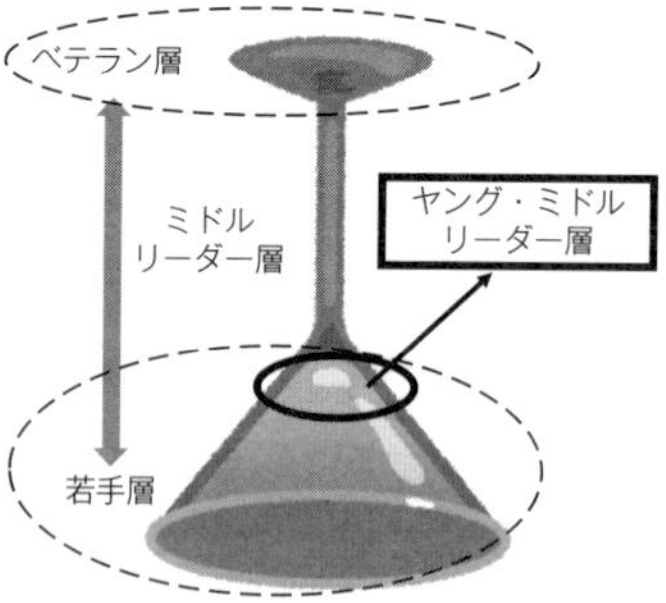

おける教員の年齢別の構成図（イメージ図）です。若手教員層とベテラン層が多く、ミドルリーダー世代が圧倒的に少ないという状況になっています。ワイングラスを逆さまにしたような構成です。そして、いま話題にしているＹＭＬは、**若手世代の上層部にあたる世代から育てていく**わけです。ないものねだりをするのではなく、多くいる若手世代の中からリーダーを創ってしまおうという発想です。

圧倒的多数の若手層の中から育ってきたミドルリーダー

これがＹＭＬの定義になります。ＹＭＬを育てることは、ミドルリーダーの育成と同じことですので、若手が少ない学校はミドルリーダー世代の育成に応用していただければと思います。

まずは人選～原石を探すことからスタート～

若手の中のリーダーであるＹＭＬを育成するためには、管理職をはじめとするスクールリーダーも一緒に学ぶという姿勢をもつことが大前提となります。管理職とともに学ぶ人材は誰でもいいというわけではありません。

　まずはＹＭＬとしてその職務を遂行できるだけの資質を備えた人材を探すことが重要です。才能や資質も大切なポイントになりますが、最も重視しなくてはならないのは、人柄です。小さなことで悩まない明るくポジティブな性格の教員が最適です。こうした教員は若手教員集団の中で信頼があり、好かれているはずです。管理職と一緒に行動することが多くなるわけですから、まじめすぎたり、小さなことにくよくよしたりしているようでは、変革は進んでいきません。スクールリーダーの思いを、〝楽天的〟に受け止め、ともに楽しみながら実行していける人材を見つけることが実践のスタートとなります。

　つまり、若手教員層をよく観察し、その集団の中で信頼を受け、リーダーシップをすでに発揮している人材をチョイスするということです。先述したような「課題解

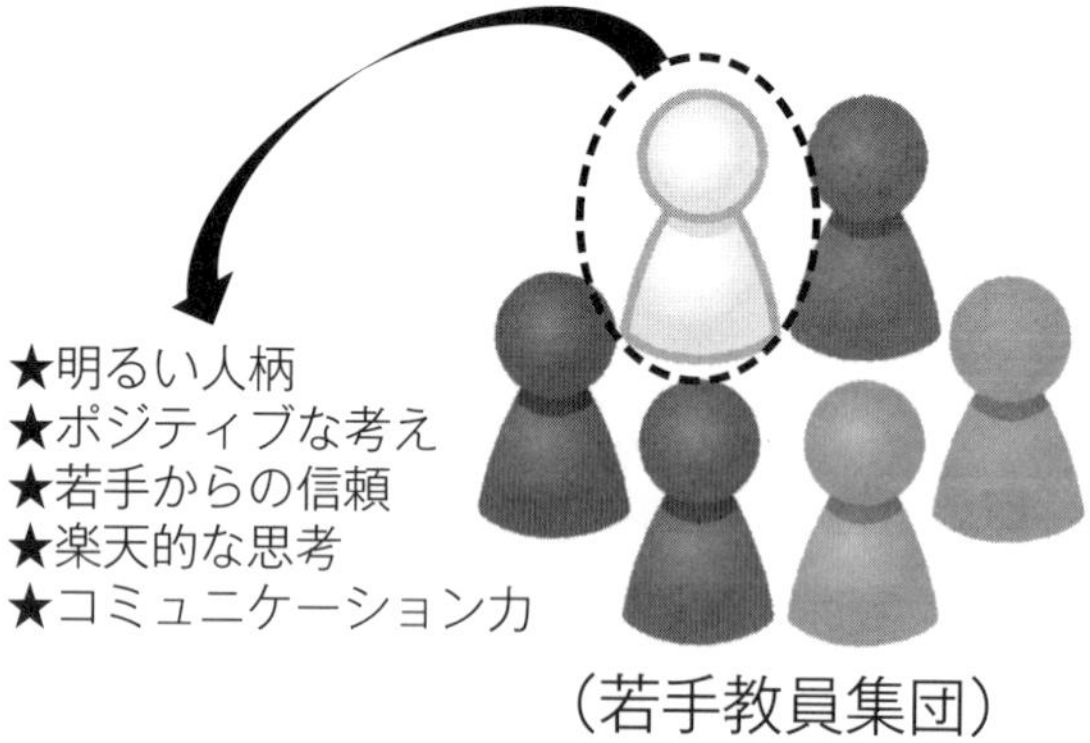

決能力」や「同僚性」等は、これから身につけていくものですので、この時点では未熟でも全然かまいません。原石を見つけることが最重要で、素晴らしい原石が見つかれば、あとは磨くだけです。

そして、もう一つ大切なのは本人の思いです。無理やりＹＭＬとして育てていくことは、避けなくてはなりません。本人に十分に内容を話し、十分に理解してもらってから進めていくことが重要です。**「自分自身を変えたい」「さらなる力をつけたい」「視野を広げたい」という向上心をもった教員**に声かけをするようにします。

国語教育学者の大村はま先生は、著書『教えるということ』（筑摩書房）の中で「子どもというのは、身のほども忘れて、伸びようとしたり、伸びたいと思っている人間です。……その子どもたちと同じ気持ちになることが、まず大事でしょう」とおっしゃっていらっしゃいます。つまり、私たち教員は「伸びよう」とする思いをもつことが大切で、若き人材が「伸びよう」としているのであれば、大いに手助けをすべきです。彼らの思いを知り、その素直な感情を力に変えていくのが、スクールリーダーの役目です。

ＹＭＬの原石を見つける活動は、人材育成のスタートであり、学校活性化のスタートでもあります。

ＹＭＬの育て方①～立場を与える～

ＹＭＬの必要性とその人選についてここまで記述してきました。ここからは、いかにしてＹＭＬを育てていくのかについて詳しくお話していきます。

立場を与える～校務分掌のトップに位置づける～

人選ができたら、学校経営のポイントとなる校務分掌のトップに位置づけるということを行います（次ページの図を参照）。

「立場は人を変える」と言います。役職や立場を与えられると目標ができて、その役職や立場で自分を活かそうとします。何も役職や立場がないと、人に頼ることばかりを覚え、その生き方に慣れてしまいます。そのままの校務分掌では、何も変わりません。変わらないどころか、どこへ向かってよいのかわからなくなってしまいます。スクールリーダーが明確なポジションを与えることによって進むべき道と方法を示していく必要があります。

私は、自分自身の学校経営の芯柱となる三つの中心的な校務分掌を決めていました。学校経営のキーワードである「凡事徹底」や「利他共生」を実現させるための校務分掌です。具体的には、道徳教育推進教師、生徒指導主事、特別活動主任という三つの校務分掌です。これらの学校の重点目標を具現化するための重要ポストに彼ら（ＹＭＬ）を配置しました。

一点に集中して力を発揮することはすべてにつながる

学校経営の主要ポストを経験未熟なＹＭＬが運用することはリスクを伴います。しかしながら、その一点を突破したときに、その自信と経験は他の業務に活かされ、すべて

■ＹＭＬの位置づけ

(1)重点努力目標（キーワード）を達成するための３つの分掌のトップに位置づける
（道徳教育推進教師、生徒指導主事、特別活動主任）

(2)分掌内の配置
◎トップ＝ＹＭＬ　○サブ＝経験者　・若手をメンバーに

(3)４役をスーパーバイザーとして配置
・道徳教育推進教師＝教務主任　・生徒指導主事＝教頭
・特別活動主任＝校務主任　・全体＝校長

の教育活動への自信へとつながっていきます。

○ベテラン世代の活用と「例年通り」妖怪

ＹＭＬを主要校務分掌のトップに位置づけることができても、本人は何をしてよいのかわからない状態です。経験が浅いわけですから当然です。そのまま任せてしまったら、何もできない自分に腹を立て、責任感に押しつぶされていく構図が目に見えます。**手厚いサポートが必要になります。**

したがって、校務分掌のサブキャプテンとしてベテラン世代（バブル世代）の教員を配置します。経験は豊富ですので、様々な情報を伝えてくれるはずです。この世代は新しいことに挑戦したり、現状を変えたりすることに拒絶反応を示すことが多い世代です。この世代をトップにしてしまうと、**「例年通り」という世にも恐ろしい妖怪**が出現してきます。トップであるＹＭＬは、新しいことにどんどんチャレンジし、そこにベテラン世代の知恵や知識、経験を加味するという体制を構築することが大切です。

「でも……」という声が聞こえてきます。「例年通り」妖怪がＹＭＬを飲み込んでしまうのではないかという不安ですね。ご心配の通り、放っておけばベテランの勢いに負けてしまうことが予想されます。ベテランの力はサポートにもなりますが、大きな壁になることもあるということです。学校の教育目標を実現していくためには、この壁は大きな障壁となります。これを防ぎ、ＹＭＬが自信をもって業務に邁進できるよう、スクールリーダーがスーパーバイザーとしてサポートをします。

○スーパーバイザーとして徹底的にサポートする

学校の教育目標をしっかりと理解しているスクールリーダーは、「例年通り」という妖怪からＹＭＬを守るだけでなく、迷子になりそうなＹＭＬをサポートすることができます。ここでいうサポートとは、精神的なサポートだけでなく、業務の進め方や関係諸機関との連携、広報活動など多方面にわたります。困ったときに相談できる人がいるということは、ＹＭＬにとっては実に心強い存在となります。

実は、教頭や教務主任等をスーパーバイザーに配置するということは、ＹＭＬのサポートをするということだけでなく、スーパーバイザー自身が学びを進めることに他なりません。スーパーバイザー自身が

学んでいないとＹＭＬへのサポートはできなくなるからです。

私は、道徳教育推進教師をＹＭＬにしていました。「凡事徹底」や「利他共生」を実現するためにはこのポジションが極めて重要でした。このＹＭＬのスーパーバイザーとして指名したのが教務主任です。研修等を企画する中心的存在である教務主任とのコラボレーションで新しい道徳教育が実現できると考えたからです。この教務主任はＹＭＬとともに、教科化された道徳科を学び、自信をもってＹＭＬをサポートするだけでなく、教職員全体にも指導を進めてくれました。「中学校は忙しいので、今まで通り、道徳の時間は他の教科の時間として使ってよいことにしてください」という妖怪的な抵抗勢力の壁も「学びの力」で打ち破ってくれました。若いＹＭＬだけでは、一気に飲み込まれたかもしれません。

○同時に若い力を育てる

この校務分掌配置は、ＹＭＬだけでなく若い力をも育てることにつながります。主要な分掌の中に若手メンバーを必ず入れるようにします。ＹＭＬとともに活動する教員です。ＹＭＬが学んだことがストレートにこの世代におろされてきます。ともに活動する中で自然と学びを深めていくのです。先述の道徳教育推進教師は、若手とともに学習会を開き、自身だけでなく同世代の若手の学びにも大きな力を貸してくれました。この学習会については詳しく後述させていただきます。

○「一石三鳥」の欲深い分掌配置

若手の中のリーダー（YML）の育成は、「個」の育成と捉えがちですが、校務と研修の組織化を図ることにより、ベテランも若手も育てるという「一石三鳥」の取組といっても過言ではありません。こうしてみてくると、結構欲深い取組なのかもしれません。YMLの育成という一つの取組が学校経営に与える効果は果てしなく、三鳥どころではなく四鳥だったり五鳥だったりするのかもしれません。

「そんなこと言っても『人』がいない」という人材不足を嘆く方もいるかと思いますが、若い力を侮ってはいけません。若い力は私たちの予想以上に大きな力を発揮します。

― POINT ―

主要な校務分掌のトップにYMLを配置し、サブにベテラン世代の教員、メンバーに若手を配置することで一石三鳥をねらうことができます。

YMLの育て方②～ともに学ぶ～

○教師の学びが変わる

２０１１（平成23）年、文部科学省中央教育審議会が「教職生活の全体を通じた教員の資質能力の総合的な向上方策について（審議経過報告）」を出しました。その中で、教職員の資質の向上について、次のように記されています。

「これからは、教員自身が主体的・自発的学習者として、常に学び続ける存在であることが一層必要であり、子どもの学ぶ意欲を高めるためにも、そのような学びの場としての学校であることが求められる。このため、教員の養成や研修においても、一斉指導による学びからワークショップ型の協働的な学びや、ＩＣＴを用いた各自の習熟度に合わせた個別学習、子どもの意見を先生にフィードバックするコミュニケーション型の学び等をより重視する方向へと転換する必要がある」

少し古い資料ではありますが、**「教員自身が主体的・自発的学習者として、常に学び続ける存在である」**という指摘が実に見事です。ここで話題にしているYMLについてもそのような存在になれれば、立派なミドルリーダーになれるわけですが、すぐには育っていきません。ここでポイントになるのは、**「協働的な学び」「個別学習」「コミュニケーション型の学び」という三つの学び**です。

YMLというミドルリーダー育成においても、スクールリーダーが一方的に話をしたり、やらせたりするのではなく、YML自身が主体的に取り組めるような環境を準備することが必要となってきます。先ほどの三つの学びが実現するような環境のことを指します。YMLの育成を中心に学校全体の研修の在り方を変えてしまうということです。

メンター制度が学びを変える

先の三つの学びを実現させるための一つの方法としてメンター制度という取組を紹介させていただきます。

「メンター」という言葉をお聞きになったことはあるでしょうか。日本メンター協会のホームページ（ＨＰ）には次のように定義されています。

メンターとはメンティーがどのようなことでも相談できる人、信頼している人

メンティーとは、メンターに支援してもらう人のことをいいます。そして、ＨＰでは、そのイメージとして次の６点が挙げられています。

①仕事の面でも、プライベートの面でも**安心**して相談できる人。
②どのような相談でも、**共に**悩み、考え、支え、称えてくれる人。
③できる範囲で、有形無形問わず、**力になってくれる**人。
④特別に振る舞うことはせず、**ありのままの態度**で接してくれる人。
⑤同じ目線で、**フラット（対等）**な立場で対話してくれる人。
⑥メンティーと**共に**、**成長**する人

太字は筆者が記しましたが、これらの言葉からわかるように、メンターという存在は、

極めて包摂的で温かい存在といえます。YMLが孤立しないよう、他の教員とのコミュニケーションを図りながら、協働的に学ぶ雰囲気を醸造し、教員一人ひとりの学びを進めていく貴重な存在です。もちろんメンター自身も学びの主体であることに変わりはありません。「指導者」とか「支援者」という上から目線の存在ではなく、「ともに学ぶ仲間」としての存在となります。先述の「協働的な学び」「個別学習」「コミュニケーション型の学び」という三つの学びを実現させていくキーパーソンといえます。YMLにとっては、大変心強い存在といえます。また、多くの場合は若い教員が該当するメンティーにとっても、ともに悩み、ともに考えてくれる心強い存在となります。

○メンターを意図的に配置する

YMLが育ち、学校がチームとして機能していくためには、学校全体にメンター制度を取り入れることが大切です。メンターは基本的にメンティーよりも経験のある教員がなることが多いのですが、ミドルリーダーの年代の人数が少なく若手世代の人数が多い現状を考えると、若い世代でも学びの姿勢が優れている教員を積極的にメンターとして登用します。学校の教育目標を達成するための重点的な教育活動にこの制度を導入することにより、

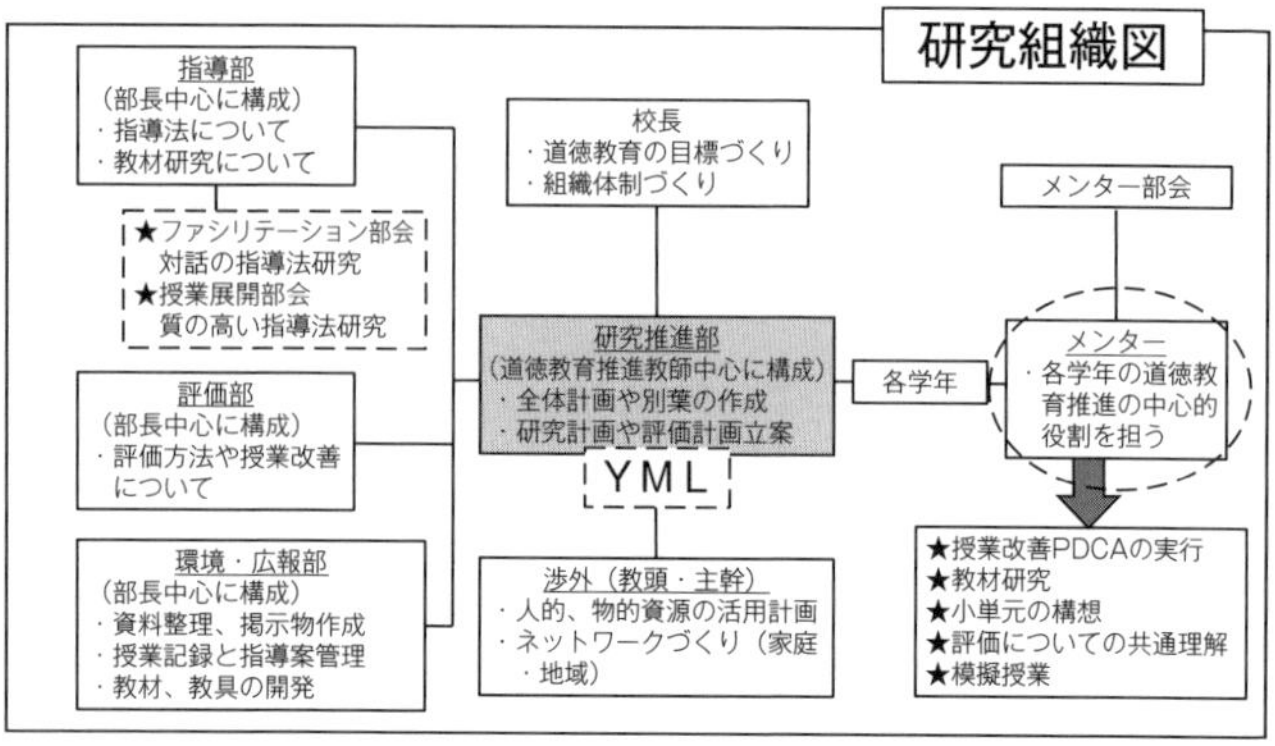

YMLとメンター中心に学校全体が「学び」に向かっていくように企画します。

上図は、実際の研究組織図です。道徳教育を学校の重点目標として学校経営を進めたときのものとなります。「道徳教育」という研究推進について、YMLとメンターを配置しました。

図を見ていただいてわかるように、

①YMLを研究推進の中心に位置づける

②各学年にメンターを置く

③メンター部会を置く

この3点が大きなポイントです。①については、先述した通り、視野を広げ学校全体を動かす力を身につけさせるためです。

②については、各学年を4～6名の小集団チームに分け、そこに若手のメンターを置きます。この小研究組織

が研究を日常的に進めます。ＹＭＬは、学校全体の研修会やメンターの指導や相談にあたります。毎週の道徳授業実施に向けた研究はメンターが中心となり研究を続けます。しかし、メンターは経験が少なく道に迷います。小集団で学びを進める中で解決できないことは、ＹＭＬに相談し、ＹＭＬはベテラン教員やスクールリーダーとともに学びの機会をもつようになります。こうすることで、メンターを中心に「学び」が日常化し、組織化されていきます。「ともに学ぶ」という研修のあるべき姿が実現できます。最も重視する研究分野において、このようなメンター制度をマネジメントすることをお勧めします。

③のメンター部会については、いわゆる「情報交換」という面が強い部会です。各学年のメンターが集まり、数名で各学年の研究について情報交換をします。当然、ＹＭＬやスクールリーダーも参加し、メンターとのコミュニケーションを図り、「学び」を共有します。メンターのメンタル面のケアもここで行うとよいでしょう。

―POINT―

学校経営の柱となる教育活動においてメンター制度を導入することで、学校全体が「ともに学ぶ」という雰囲気となり、メンター中心にまとまりがよくなってきます。

ＹＭＬの育て方③～「学び」のアウトプット～

かわいいＹＭＬには「学びの場」をもたせよ！

「人材育成」というと、どうしても「インプット」のイメージが強くなりますが、ＹＭＬとともに学ぶ過程で、「アウトプット」する活動を戦略的・意図的に導入することが大切です。

その戦略とは、ティーチングとコーチングの併用です。一つの研修会を創り上げるというミッション達成のため、若き研究主任は先輩教師や管理職等から多くのことを教えてもらいます。講師とも連絡を取る中で研修内容や道徳授業の在り方、自校の現状などを深く学ぶ機会に恵まれます。これがティーチングです。

ここまでは、どの学校でも行われていることです。もう一つの戦略であるコーチングを行うかどうかがミドルリーダー育成の重要な鍵を握っているのです。若きミドルリーダーに、校内での「学びの場」をもたせることです。それは、学校としての研修会や自主的な勉強会、学年ごとの研究組織であったりします。かわいいＹＭＬに「学びの場」をもたせることがＹＭＬ育成を大きく前進させます。

教員を束ね、目標をもって研究を進めていくリーダーとして実践の場を与えることによって、これまでの学びをアウトプットする機会ができます。そして、その学びの場を充実したものにするために、管理職等のスクールリーダーが、正解を与えるのではなく、実践をさせる中で主体的に考え探究させて、自分の学びを具現化させるというコーチングを意識して活動させるのです。教えること（インプット）と探究させること（アウトプット）を意識した人材育成を大切にします。試行錯誤しながらＹＭＬは自分の活動に自信をもって取り組めるようになっていきます。

私は、校長を務めた二つの学校で、「自主学習会」を意図的に組織し、ＹＭＬを育てる場としました。やがて、学校全体の研修会や研究発表の場でも堂々とアウトプットできるようになっていきました。このアウトプットは、学びを広げる段階といっても過言ではありません。子どもたちが主体的な学びを行うように、スクールリーダーは、教員が主体的に学べるように環境を整えていくことが必須であり、それはＹＭＬを育てることにつながっていきます。

○「学び」「広げ」「活かす」

ここまで、ＹＭＬの育成について述べてきましたが、まとめると下記の図のようになります。

インプットの期間である「学ぶ」段階から「広げる」段階へ。そしてアウトプットの期間である「活かす」段階へと段階を踏んで進めていきます。育成を焦り、「活かす」段階へ一気に突入してしまうと、ＹＭＬがパニック状態となることが予想されます。あくまでもストレッチゾーンを刺激するよう徐々に負荷をかけていくことです。

■ＹＭＬ育成マップ

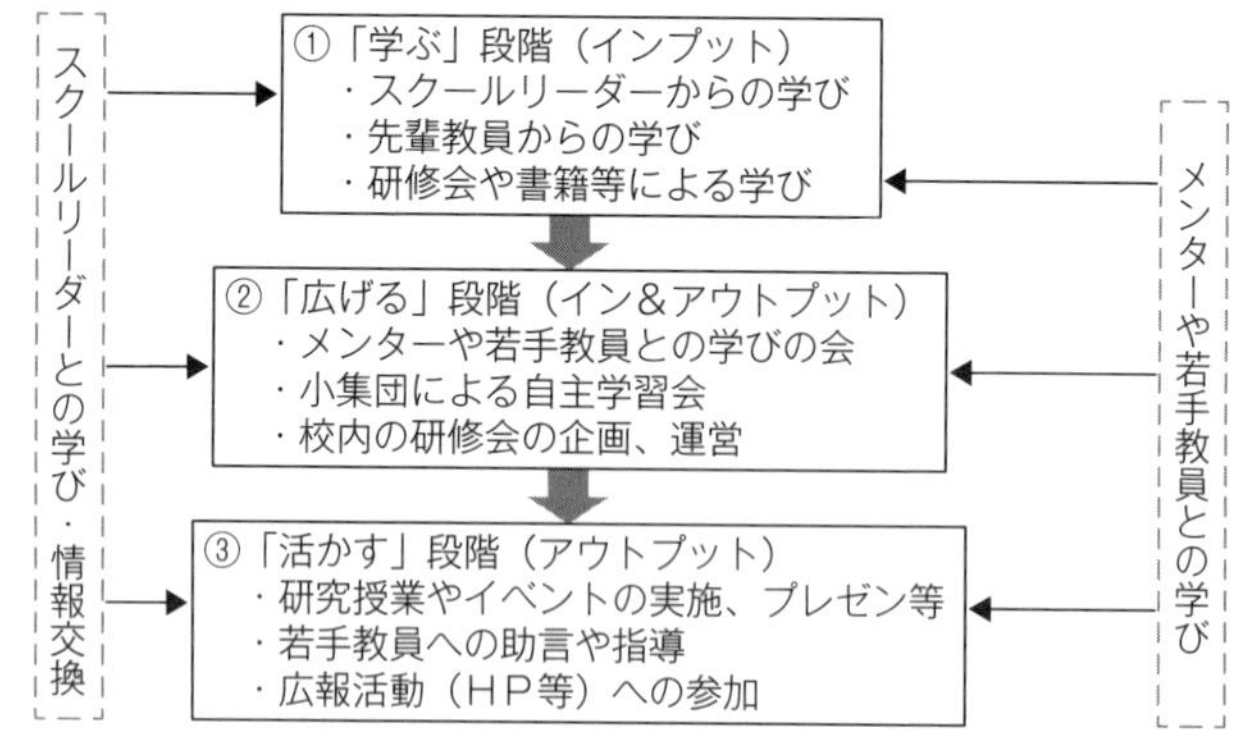

○実践例～道徳教育推進教師をＹＭＬへ～

一例として道徳教育推進教師をＹＭＬとして育成した実践を「学ぶ」「広げる」「活かす」という視点から紹介します。

(1)ともに学ぶ

○校内の研修会や講演会、行事等

企画から運営までを校長、教頭、教務主任と一緒に創りあげる方法をとります。前年度の反省を確認するところから始め、とにかく時間をかけて話し合いながら進めていきます。当日の進行や会場準備などの細かなところも、ともに動くことを意識します。研修内容については、とことん話し合いをして企画を進めます。

○外部の研修会への参加

校外の研修会があれば、ＹＭＬに紹介し一緒に研修会に参加してもらいました。その中で、学校の道徳教育に対する思いを話し合うことができました。

○授業の相互参観と資料提供

校長や教頭、教務主任とＹＭＬがお互いの授業を参観し合います。授業技術だけでなく、授業の難しさや楽しさを話し合います。また、『道徳通信』や雑誌の切り抜きなどを提供し、常に学ぶことを意識し合います。

(2) 学びを広げる

○道徳自主学習会

月に1～2回程度、校内にて道徳教育推進教師主催の「道徳自主学習会」を開催しました。もちろん管理職が支援をします。

若手を中心に多くの教員が参加し、YMLが「学び」を広げるとともに、若手が前向きに学ぼうとする機会となりました。

○自主的授業研究

自主学習会で学んだことを授業で実践します。若手教員が自主的に相互参観をします。

○研修会（道徳）の推進

研修会での進行を道徳教育推進教師が行うこととしました。自分が企画し、学習したことを全職員で確認していく素晴らしい場となりました。自信を深める絶好のチャンスとなります。

(3) 学びを活かす

〇学年内の道徳授業研究や校内の研究授業の助言に挑戦

若手教員が学年の中で自主的に指導案を作成したり、授業研究を行ったりします。学年によってはローテーション道徳等に積極的に挑む姿が見られ、ＹＭＬが中心となり、若手の教師に声をかけることができるようになりました。

〇道徳授業のホームページや学年通信への掲載

若手教員の授業や研修の取組成果等を振り返る機会となります。教員や保護者、生徒からの反応もあり、若手教員が自分の取組を振り返るよい機会となりました。

ＹＭＬの成長は学校の活性化につながる

先述の道徳教育推進教師は、その後、学年主任となり、市内の指導員としても活躍することになります。スクールリーダーとしてはうれしい限りですが、学校にとっても大きな効果がありました。学校の教職員集団が、ＹＭＬを中心にチームとしてのまとまりを見せ始め、学校行事や研究発表大会、生徒指導等の様々な場面において、チームとして対応するということ、教員間でフォローすること、お互いにコミュニケーションをとることの大切さを実感し始めたのです。ミドルリーダーを育てるということは、一個人の資質や能力を伸ばすことではなく、学校全体を成長させるということなのです。スクールリーダーの皆さん、ミドルリーダーがいないと嘆くのではなく、少し時間はかかりますが、ＹＭＬを育ててみませんか。一石三鳥は魅力的です。

○認めて、認めて、肯定感を高める

ＹＭＬに限らず、若い世代は「自分に自信がもてない」世代であるといえます。この世代は認めることで自己肯定感を高めることが大切です。学校広報の中でもその努力と資質を認めていくことでＹＭＬや若手の大きな自信につながっていきます。こうした発信もスクールリーダーの大切な役割の一つです。この世代の弱点をプラスに変えたときに、学校は大きく変わり始めます。

POINT

「学ぶ」「広げる」「活かす」という三つの段階を設定し、徐々にＹＭＬの資質と能力を伸ばすことで、学校全体が活性化し一つのチームとなります。

第 4 章

一般教員の持ち味を生かして組織をまとめる法則

世代って何だろう？

○「何か違うな？」と思う瞬間

よく「世代間ギャップ」という言葉を耳にします。長い教員人生の中でそうした「世代間ギャップ」に出合うことはよくあります。

メールで欠席連絡をしてくる（普通は電話をしてくるだろう）。飲み会の席で乾杯の際にカルーアミルクを注文する（普通はビールと決まっているだろう）。あれほど個別の指導をしたのに相談もなくあっさり教員をやめる（普通は義理や人情というものがあるだろう）。苦手なことにははっきりと「無理です」と断る（普通は「微力ですが、頑張ります」というだろう）。主任がまだ学年の仕事をしているのに、「失礼します」とさっさと帰ってしまう（我々は主任の仕事を手伝ったり、じっと終わるのを待ったりしていたのに……）

等々、バブル世代の昭和フレーバー満載の管理職には驚くべき行動がいくつもあるのではないでしょうか。昭和時代ど真ん中&バブル世代の私の経験から例を挙げさせていただきました。このような「何か違うな」と感じる瞬間があるのは、自分の行動や考え方が「当たり前」のスタンダードになっているからです。これが「世代間ギャップ」の原因です。育ってきた時代の雰囲気や生活様式、考え方が、私たちの生き方や行動様式に大きな影響を与えているわけですから「世代間ギャップ」はあって当たり前です。四畳半フォークを聴いて育った世代がYOASOBIやAdoの音楽を理解するには時間がかかります。しかし、理解すれば、そのよさにも気づくことができます。この章では、様々な世代が混在する一般の教員とのコミュニケーションの仕方やまとめ方について話を進めていきます。

世代って何だろう?

さて、よく「世代」という言葉を使いますが、そもそもどんな世代があるのでしょうか。第3章で話題にしてきたYMLとの関わりも絡めながら確認していきたいと思います。

世代については、研究者によって様々な分類があり多岐にわたっているため、本書では、『Z世代・さとり世代の上司になったら読む本』(竹内義晴著・翔泳社)の分類を参考にさせていただきました。

　まず、世代というのは、その時代の雰囲気や社会情勢、社会構造などによって人の行動パターンや考え方が、ある一定の特徴をもっている状況を表しています。それを分類したものが世代と言ってよいでしょう。生きてきた時代が違うわけですから、「世代間ギャップ」が生まれるのは当然のことと捉えるべきです。情報伝達技術が飛躍的に進歩し、ポケベルやＦＡＸの時代からスマートフォンやクラウドを使った情報共有、ＳＮＳの時代に変わり、働き方も変わってきたわけですから、行動パターンや考え方が違ってくるのは当たり前です。ギャップが生まれるのは当然です。スクールリーダーは、その世代の特徴をしっかり理解していくことが必要です。そこで、まずは世代の特徴を把握しましょう。

○なるほどそうだったのか～各世代の特徴～

　竹内氏の分類を基に作成したのが、次ページの世代分類図です。現在の学校において在籍している教職員の世代をみていくと、「バブル世代」から「Ｚ世代」までが当てはまりますので、「バブル世代」「就職氷河期（団塊ジュニア）世代」「ゆとり・さとり世代」「Ｚ世代」の四つの世代に分類してお話を進めさせていただきます。

世代の特徴と内容

世代	バブル世代	就職氷河期世代 （団塊ジュニア）	ゆとり・さとり世代	Ｚ世代
校内分類	ベテラン世代	ミドルリーダー世代 （中堅世代）	ＹＭＬ世代 （若手世代）	超若手世代
生まれた年	1965～1969年	1970～1982年	1987年～2004年	1996年～
年齢	50半ば～60代	40～50代前半	20～30代	20代前半
育ってきた時代	・バブル期に青年期 ・大量採用　・競争社会 ・24時間戦えますか（CM）	・バブル崩壊後に青年期 ・就職率が激減 ・キャリアアップが必須	・ゆとり教育を受けた世代 ・インターネットの普及 ・不景気の中で成長	・生まれた時からスマホ（SNS ネイティブ） ・デジタル主流の時代
特徴	・競争意識が高い ・評価を気にする（見栄っ張り） ・付き合いを大切にし、コミュニケーション能力が高い	・まじめで自己啓発に励む ・ロールモデルがなく、ベテラン世代をモデルにしている（やや保守的な傾向） ・メンタルは強いが自信がない	・理想よりも現実が大切 ・名声よりも実利的なもの ・安定志向　・合理的 ・素直で競争意識が低い ・ストレス耐性が低い	・自身の価値観を大切にする ・他者とのつながりを求める ・承認欲求が強い ・情報収集はネットから ・ブランド意識が低い

（『Ｚ世代・さとり世代の上司になったら読む本』〔著者・竹内義晴〕を参考に作成）

バブル世代のベテランはコミュニケーション力を活かしてまとめる

競争意識が強く評価を気にするバブル世代

学校の教職員の年齢構成の上層部に位置するベテラン世代の教職員は、１９６５年から１９６９年に生まれた教職員で、昭和末期の「バブル景気」の時代に社会人になった年代です。この時代は、日本の景気が極めてよく、企業だけでなく学校の教職員も大量に採用された時代です。「24時間戦えますか」という栄養ドリンクのＣＭが流行したことからわかるように、競争社会の中で勤務時間を度外視して働いた時代です。したがって、この世代の行動や考え方には次に示すような特徴があります。

・同期が多い反面、ポストは限られているため出世やポストに対するこだわりが強く、競争意識が高い
・自分の出世や名声が気になり、自分の評価を気にする傾向が強い
・自慢話や成功体験を自慢げに話すことが多く、見栄っ張りの部分が強い
・自分をよく見せ、ポスト争いに勝つため、上司や先輩との付き合いを大切にしてきており、コミュニケーション能力が高い
・成功体験や努力してきた自信から自己肯定感が高い反面、新しいことや他者の考えを受け入れることに抵抗感がある
・ストレス耐性が強く、目標ができると粘り強く取り組むことができる

このような傾向が強い世代といえます。いわゆる団塊の世代（戦後の第一次ベビーブームに生まれた世代）をロールモデルとしているので、かなり押しの強い世代です。校内において頼りになる存在ではあるものの、こだわりが強いため、逆に学校経営に対する「抵抗勢力」にもなりかねない存在です。この世代との関わり方に困っていらっしゃるスクー

ルリーダーの方も多いのではないでしょうか。

ある小規模の学校におうかがいした際に、校長先生が次のようにおっしゃいました。

「この学校はベテランが多く、なかなか新しいことに挑戦できず、自己流で教育活動をされる先生が多いのです。ですから、なかなか教職員がまとまらず、バラバラの状態が続いています。道徳の研究をすることで打破したいのです」

自身の成功体験からつくられたプライドが、自身の成長を邪魔するという皮肉な現象が起きているのです。この世代の関わり方で最も難しい部分なのです。道徳の研究から、一点突破をしたいという、この校長先生の思いがよくわかります。この校長先生に次に示すようなお話をさせていただきました。

○成功体験とプライドを活かす～法則①～

学校経営と自身の成長の障壁となってしまう成功体験。なぜでしょうか。それは時間が止まってしまっているからです。その時代にはよかったことが今では通用しなくなっていることも多々あります。特に、学習指導については大きく時代が動いています。止まった時間を動かす必要があります。

止まった時間を動かすのはなかなか容易なことではありません。まずは、ベテラン世代のもっている優れた成功体験とその能力と実績を認めていくことから始めます。ただ、止まった時間を認めるのではなく、新しく時を刻むような仕掛けも必要となります。

①過去を認め活かす…スーパーサブとしての活用（校務分掌の工夫）
②止まった時を動かす…フィードバックの活用

過去の実績や成功体験にとらわれてしまっているベテラン教員を活かす法則は次ページの図のような手順になります。大きく三つの段階に分かれます。

最初の段階は「尊重と信頼の構築」の段階です。

まず第一に、ベテラン教員に対して尊重と信頼を示すことが重要となります。彼らの経験や知識を認め、彼らがこれまでのキャリアで得た成果を称賛することにより、関係を良好に保ちます。この後、フィードバックという大きな山を越えなければいけませんので、そのための土台づくりをします。この段階では、ベテラン教員が培ってきた素晴らしい能力や実績をいかにして学校経営に役立てることができるかを考えます。第３章でお話したように、校務分掌への位置づけが最大のポイントとなります。これが法則の①となります。ベテラン教員の経験を活かすために、校務分掌の係のトップにはせず、サブリーダーとします。トップを支える存在として、若いリーダーを支える側にします。トップにすると、活動が停滞したり、学校の方針とは違う方向にいったりする可能性があるからです。新しい力を育てつつ、ベテランの力を引き出していくシフトを組みます。ベテラン教員が自分の経験をもとに若い力を育てることは、学びのアウトプットになるのと同時に、若い力から新しい考え方や方法を学ぶ機会ともなり、双方にとってＷｉｎ－Ｗｉｎの関係となります。

　ベテラン教員も学びの機会を得ることになります。ここに尊重と信頼の関係が構築されていきます。職

尊重と信頼の構築…校務分掌への活用（法則①③）

・ベテラン教員に対して尊重と信頼を示す
・経験や知識を認め、彼らがこれまでのキャリアで得た成果を称賛

↓

対話と理解（共感的受容）

・意見や考えを真剣に受け止め、立場や考え方を理解
・対話を通じて共通の理解を築く

↓

フィードバック（法則②）

●ティーチング
・「止まった時」を認識…自己の課題を把握させる
・論理的に資料をもって対話を重ねる

●コーチング
・ベテラン教員との間で共通の目標を確立
・メンターを配置してサポート

員室に温かい雰囲気が醸成されてきます。

○「例年通り」妖怪との闘い～法則②～

しかし、事はそんなに甘くないのです。

先日、大学の卒業生から相談があるとのメールをもらいました。電話で事情を詳しく聞きました。新卒1年目教員である彼女は泣きじゃくりながら次のようなことを話してくれました。


（新卒1年目の教員の涙の理由）

年度当初、かなり年配の先生とティーム・ティーチングで授業をすることになり、打ち合わせをして、はじめは学ぶことが多いので、後ろで見学したり、生徒個々のサポート役をしたりしていた。2学期になり、自分もT1として生徒の前に立って授業をしたい旨を伝えたが、「あなたは私の言う通りにしてればいい」という返事が返ってきて結局何もさせてもらえなかった。授業の方法も昔ながらの一斉授業であったので、タブレット端末を使ったり、アクティブな活動を取り入れたりしてはと提言したが、「一斉授業の方が学力が上がり受験に勝てる」と言って全く変えようとしてもらえない。私は何のために教職の勉強をしてきたのか。何のために教員をしているのかわからなくなってしまった。来年度も同じ先生とのティーム・ティーチングをしてほしいと校長先生から打診されたが、もう限界です。どうしたらよいでしょう。

このような相談でした。ベテラン教員の負の部分が若い先生の成長を阻害している典型的な例です。まさに「時が止まった」ベテラン教員の引き起こした事例といえるでしょう。このような事例は皆さんの身近にもあるのではないでしょうか。

年度当初に新しい提案をすると、「例年通りでいいのではないでしょうか」とあっさり否定をする教員。ＩＣＴ端末の研修を行っても、「紙の方が見やすいし、子どもには効果がある」と何の根拠もない意見を堂々と主張する教員。「昨年通りで本年度も行いたいと思います」という何の振り返りもしていない教員。いかがでしょうか。必ずいますね。変化を極度に面倒くさがり、変化を望まない教員です。どちらかというとベテラン教員に多いのではないでしょうか。さて、この「例年通り」妖怪をいかにして退治したらよいでしょうか。

ここで第二の段階である「対話と理解」、そして第三の段階である「フィードバック」の段階に入ってきます。

○フィードバックとは？

フィードバックという言葉は、多くのスクールリーダーの方が日常的に使っていらっしゃる言葉だと思います。

★フィードバック
相手の行動に対して改善点や評価を伝え、軌道修正を促すこと

フィードバックは、下の図のように情報通知と立て直しの二つの働きかけから成り立っています。

★情報通知（ティーチング）

相手を知るという活動のことです。そして、

フィードバック（中原淳『フィードバック入門』より）

★情報通知＝（ティーチング）
・課題や成果、現状をしっかり伝える
・一方向的に知識や技術を伝える
・相手の考え方に共感してからストレートに伝える（資料があると説得力がある）

＋

★立て直し＝（コーチング）
・客観的なアドバイスや支援を行う
・教員に自己の活動を振り返らせる
・「問いかけ」によって教員に気づかせる
・自分の言葉で振り返らせる

相手に現状をしっかりと認識させることが大切となります。相手が聞いて耳が痛くなるようなことや腹を立てるようなことも伝えなくてはいけません。ここで「対話と理解」（共感的受容）がなくてはならないものとなります。

★立て直し（コーチング）

「立て直し」の活動のことです。一緒に考えながら支援していくので「コーチング」ということができます。教員に自己の振り返りをさせながら、「問いかけ」とアドバイスによって自分が進むべき方向を気づかせていきます。

先ほどの彼女の話に出てきた教員の場合を例にフィードバックについてお話しましょう。この教員は、昭和の時代に身につけた授業力に優れ、一斉授業ではかなりのプライドと自信をもっていると予想できます。教員として生徒を掌握する力に優れていますが、教師中心の授業から抜け出すことができず、指導が一律的になっているという課題をもっています。

次ページの図は、このベテラン教員に対するフィードバックの流れです。

(1) 知る段階

この段階では、この教員の授業や指導の様子に関する情報を徹底的に収集します。客観的で論理的な資料を教員に見せることで、自分の指導について振り返る時間をつくります。少しでも多く資料を準備します。自分の指導がいかに教師中心で、子どもたちの思いや実態を考えたものでないことを認識させます。この段階では、教員がかなり興奮したり、怒ったりすることがあります。自分のプライドを傷つけられるわけですから当たり前です。スクールリーダーは凛として、しかも論理的に対応しなくてはなりません。ここがフィードバックの山場です。客観的であればあるほど怒りは大きくなります。もちろん、こうした状況にならないよう、共感的に話をすることは大切です。日ごろの関係づくりも重要です。

客観的、論理的に自分を知ることになると、徐々にそれを冷静にみられるようになってきます。

■ 昔の指導法から変われない教員へのフィードバック

①知る段階

・児童生徒や保護者の声にならない声を収集する
・指導中の写真や動画を撮影する
・研修会での活動観察やレポート等の確認
・初任の彼女の思いを伝える

↓

②情報通知（ティーチング） …「表情に違いはあるか？」

・教育目標提示や校長メモや講話、研修などによる土台づくり
・学習指導要領を使った指導の本質の確認
・視覚的な資料による現状の認識

↓

③立て直し（コーチング） …「初任のとき、どんな教師になろうと思いましたか」

・講演会や研修会の開催
・教育書の紹介と学習会
・教員を目指したころの初心を思い出し現状を振り返る
・初任の彼女の思いと同じであることを認識させる

時間はかかりますが、あきらめてはいけません。嫌われる覚悟で臨むことです。スクールリーダーの覚悟を示しましょう。

(2)情報通知（ティーチング）

次の段階は、情報通知の段階（ティーチング）です。スクールリーダーから対象となる教員へ新しい教育の動向や指導法、子どもとのコミュニケーションについて示していく段階です。この段階は、スクールリーダーが「教える」段階と言ってもよいでしょう。

例えば、先ほどのベテラン教員の場合には、次のようなティーチングを行います。

・授業風景を撮影し、子どもの表情からわかることを話させる
・子どもが主体の授業動画と比較させて、自分の授業を振り返らせる
・学習指導要領をもとにして、「主体的・対話的で深い学び」について学ばせる
・ティーム・ティーチングの本質について学ばせる
・校内外で配付された研修資料から指導の在り方を確認させる

ここで大切なのは、一方的に教えるのではなく、「気づかせる」ことが大切です。子どもたちへの授業と同じで、「教え込む」ことは、あまり効果がありません。自身で気づかないと姿勢に変化は起こってきません。スクールリーダーは、根気よくベテラン教員と学

びの基礎づくりをすることが大切です。

(3)立て直し（コーチング）

最終段階は、「立て直し」（コーチング）の段階です。教員自身がサポートを受けながら、大きく変わるために一歩踏み出していく段階になります。ここでは、スクールリーダーはもちろんですが、同僚（メンター）の支援が必須となります。この段階はコーチングですので、ベテラン教員自身が変わるための努力をしていく段階です。そのために必要になるのが「目標の設定」です。個に目標を立てて、メンターとともに活動するのがベストですが、そこまでは難しいという教員もいます。そうした教員の場合には、学校としての活動目標や委員会や研究部会の目標の共有という形でもやむを得ません。大事なことは、教員が目標をもって自己変革に取り組むことです。例えば、先のベテラン教員の場合には次のような対応をします。

・教育書を紹介する
・講演会や研修会に一緒に参加する
・メンターとともに研究授業の指導案づくりに取り組む
・泣いていた初任者との対話から自身の若いころを思い出す

・他の教員の授業を参観し、学びをメンターと共有する

ここでもメンターを出させていただきました。スクールリーダーの出番は、主に「ティーチング」の段階です。この段階は、若手のメンターを寄り添わせ、ベテランも若手も両方とも育てるような方法をとります。詳細は、前章をご覧いただきたいと思います。この段階で「メンター」は欠かせないものになります。まずは、「初任のころに、あなたはどんな先生になりたかったですか?」と尋ねてみましょう。そこからスタートです。

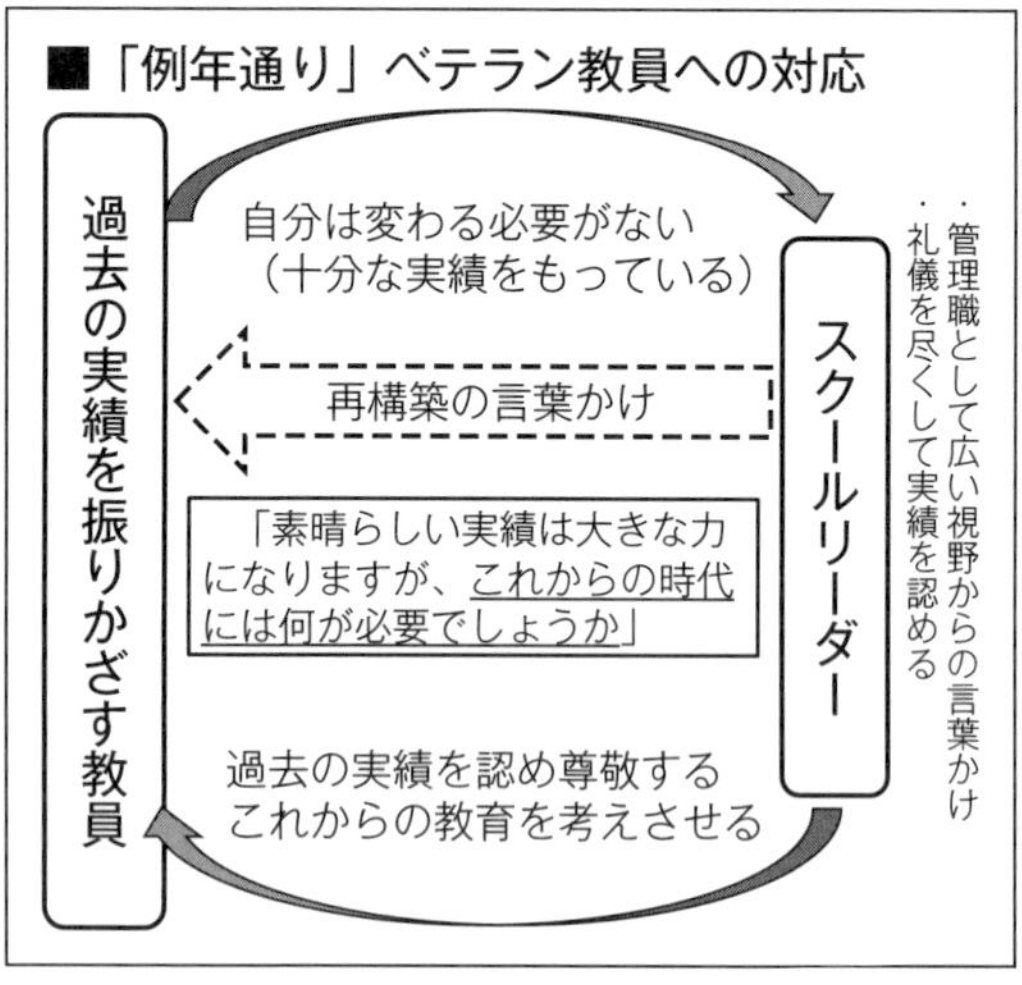
過去の実績を振りかざす教員
自分は変わる必要がない
（十分な実績をもっている）
再構築の言葉かけ
「素晴らしい実績は大きな力になりますが、これからの時代には何が必要でしょうか」
過去の実績を認め尊敬する
これからの教育を考えさせせる
スクールリーダー
・管理職として広い視野からの言葉かけ
・礼儀を尽くして実績を認める
■「例年通り」ベテラン教員への対応

メンターとともに自分を変えていくベテラン教員の存在は、学校に大きな変化をもたらします。ベテラン教員が若手のメンターとともに変わろうとする姿に、全教員の意識が大きく変わります。「変わろうとすること」は素晴らしいことであることをすべての教員が

自覚することでしょう。

○コミュニケーション力を活かす～法則③～

ベテラン教員のもつ最大の魅力は、豊かな経験と知識に裏付けされたコミュニケーション力です。学年や委員会等、学校の中核となる組織の運営において抜群の力を発揮します。このコミュニケーション力を活かす方法は主に二つです。

⑴リーダーシップの活用＝学年主任としての活用

これは、当たり前と言えば当たり前のことですが、そのコミュニケーション力は、小集団をまとめていくことに活用します。特に学年主任としての起用が最も効果的です。これは、もう皆さんがすでに実践していらっしゃることでしょう。研究や校務分掌よりも学年を束ねる役職に活かすべきです。

「立場は人を変える」という有名な言葉があります。主任になる前はかなりわがままであった先生が、主任に抜擢されてから大きく考え方や行動が変わっていった例を多くみてきました。数名の学年の教員をまとめるためには、学年の教員とバランスよくコミュニケーションをとり、調整する必要が出てきます。ベテラン教員の得意とするところです。最近では、ベテラン教員が少なくて、若手が学年主任を務めるケースも出てきていますが、やはりベテラン教員の優れたコミュニケーション力に裏付けされた調整力にはかないません。

(2)チームワークの促進＝ファシリテーターとしての活用

もう一つ大切な活用方法があります。ベテラン教員が他の教員やスタッフと積極的に連携し、情報やアイデアを共有する文化を醸成するということです。定期的なチームミーティングやワークショップを通じて、彼らの知識や経験を活かし、共同で問題解決やイノベーションを行うことです。簡単に言うと話し合い活動の際に、その優れたコミュニケーション力を活かして、ファシリテートをしてもらうということです。

★事例1（研修会において）

例えば、研修会の場合に、よくワークショップが行わ

■バブル世代を活かして組織をまとめる法則

法則①…成功体験とプライドを活かす
　・校務分掌の工夫…サブリーダーとして
法則②…「例年通り」妖怪との闘い
　・フィードバックの活用
法則③…コミュニケーション力を活かす
　・リーダーシップを活かす＝学年主任に抜擢
　・チームワークの促進

れます。私も道徳の研修会にお呼びいただいた際に、よくワークショップを実施します。グループで教材分析等をする際に、ベテラン教員をファシリテーターに指名することがよくあります。若手では、年上の先生から意見を引き出すことが難しいからです。その点、ベテラン教員は、巧みな話術でメンバーからどんどん意見を引き出してくれます。単に研修会でのことですが、この取組が教職員相互の関係づくり、相互理解につながっていきます。ベテラン教員のファシリテーション力が教職員をチームにしているのです。

★事例２（学校行事の在り方検討会議において）

コロナ禍の学校行事の在り方については、多くのスクールリーダーが苦しい選択を迫られたかと思います。私も校長時代に厳しい判断をせざるを得ない場面が多くありました。

ファシリテーターとして活躍

そんな中で問題になったのが体育祭の在り方です。様々な考えが教職員の中にありました。「開催するか否か」「保護者を入れるか否か」「縮小するか否か」「競技はどうするのか」等々、問題は山積でした。そんな中で、抜群の調整力を見せたのがベテランの体育主任でした。得意のコミュニケーション力を活かして、事前の打診をしたり、打ち合わせをしたりして検討会議をスムーズに進め、「縮小して開催し、保護者は入れない」という方針をしっかりと打ち出してくれました。ベテラン教員の調整力、コミュニケーション力の素晴らしさを実感した瞬間です。

このように、ベテラン教員のコミュニケーション力は学校運営の中で、教職員間の調整を円滑にするという大きな効果を生みます。スクールリーダーは、この力を大いに信用し、ベテラン教員をコーディネーター、ファシリテーターとして活用し、ベテラン教員が生き生きと活躍できる場を用意することをお勧めします。

★事例3（生徒指導において）

バブル世代の教員のコミュニケーション力が、もっとも大きく力を発揮する場面のひとつが生徒指導の場面においてです。かつての「荒れた学校」「校内暴力」という嵐の中を経験してきたベテラン世代の生徒指導力には目を見張るものがあります。この生徒指導力とは、すなわち課題を抱える児童生徒とのコミュニケーション力の素晴らしさなのです。
学校の中で、生徒指導の場面があるときには、このベテラン世代をあえて指導に加わらせます。若い世代の教員に児童生徒とのコミュニケーションの取り方のロールモデルとするためです。書籍や研修ではわからない「共感的な生徒指導とコミュニケーション」の在り方を実感できます。

POINT

バブル世代のベテラン教員は、その豊富な経験を活かして若手のサポート役に抜擢するとともに、形骸化した考えや行動パターンはフィードバックによって、学びの姿勢に変えていくことが教職員をまとめることにつながっていきます。

就職氷河期世代の教員はキャリアアップを刺激してまとめる

キャリアアップに関心が強い就職氷河期世代

就職氷河期世代とは、バブル崩壊後の雇用の冷え込みにより、全国的な就職難が社会問題となった時期に、社会人となり就職活動をしていた世代を指します。厳しい時代を生きたこの世代は、激しい不況によって思うようにならないことも多かった傾向があるため、ロストジェネレーション（失われた時代）世代とも呼ばれています。

この世代は、こうした厳しい時代背景の影響をもろに受けて次のような特徴をもっているといわれています。

(1)団塊の世代やバブル世代の仕事観や価値観に疑問をもっている

この世代は、子どものころバブルという好景気の中で成長し、社会人になったころにバブルが崩壊しています。高学歴であれば大企業に就職できるという神話はあっけなく消え去り、大きく価値観や生き方が変わりました。親から教えられたことが泡のように消えていってしまったわけです。ですから、自分より上の世代の仕事観や価値観に大きな疑問をもっています。ひょっとしたらバブル世代の管理職の学校経営の方針に疑問をもっているかもしれません。

(2) 仕事に前向きである

「働きたくても働けない」「自分が希望する職業に就けない」という時代に生きてきたため、教員という自分の希望がかなって就職してきたこの世代の教員は、仕事に対してかなり前向きに取り組むという特徴があります。学校現場では、この世代はかなり人数が少なく、現在ではミドルリーダーとして活躍している人がたくさんいます。こうした人は、どんどん自分の能力を伸ばしていくため、学校現場でも行政でも大活躍をしています。

しかし、親や上司が団塊やバブルの世代であったり、それがロールモデルとなっているため、行動様式は上の世代に近いものになっています。

(3) 「自己啓発」「自分探し」がお好き

バブル崩壊という厳しい時代の中で信じられるものは「自分」であると考える傾向が強

く、「自分」を磨くことに力を注ぐことになり、留学やセミナー参加等、自分自身を啓発する活動を積極的に行ってきた世代です。したがって向上心に富み、多面的・多角的に考えることができる世代です。つまり「キャリアアップ」にかなり関心があるということです。

(4)内向的なタイプが多い

就職氷河期世代の人は、真面目で内向的なタイプが多いという傾向があります。団塊やバブル世代の押しの強さはありませんが、慎重に活動を進めていくことができます。実は、こうした傾向はリーダーになれる重要な要素でもあります。内向的な人の方が、他者の気持ちになって考えられる〝共感力〟が高いからです。外交的な人は自分のアイデアを過信しがちですが、内向的な人は他者のアイデアをうまく引き出すことができるからです。

(5)リスクに弱く、コミュニケーション力が乏しい

長期の景気低迷や就職難などに直面してきたため、将来への不安を抱えやすく、消極的になる傾向があり、失敗することやリスクを回避することを重視する傾向があります。「自分磨き」を大切にしてきたため、コミュニケーション力にやや不安があり、新しいことを始めたり、突然のトラブルに対応したりすることが苦手であるといわれています。

■就職氷河期世代（ミドルリーダー世代）の特徴

(1)団塊の世代やバブル世代の仕事観や価値観に疑問をもっている
・子どものころバブルという好景気の中で成長し、社会人になったころにバブルが崩壊
・高学歴であれば大企業に就職できるという神話はあっけなく消え去る
・大きく価値観や生き方が変わる
・自分より上の世代の仕事観や価値観に大きな疑問

(2)仕事に前向きである
・仕事に対してかなり前向きに取り組むという特徴
・この世代はかなり人数が少なく、現在ではミドルリーダーとして活躍している人が多い
・行動様式は上の世代に近いものになっている

(3)「自己啓発」「自分探し」がお好き
・信じられるものは「自分」であると考える傾向が強い
・「自分」を磨くことに力を注ぎ、「キャリアアップ」にかなり関心がある

(4)内向的なタイプが多い
・真面目で内向的なタイプが多い
・押しの強さはないが、慎重に活動を進めていくことができる、“共感力”が高い

(5)リスクに弱く、コミュニケーション力が乏しい
・将来への不安を抱える傾向が強く、消極的になる傾向がある
・失敗することやリスクを回避することを重視する傾向
・コミュニケーション力にやや不安があり、新しいことを始めたり、突然のトラブルに対応したりすることが苦手

○ミドルリーダーとして育てる～法則①～

前ページの図は、以上のような就職氷河期世代の特徴をまとめたものです。

当然といえば当然なのですが、これらの特徴から、この年代こそが真の意味のミドルリーダーになるべき人材です。この世代が校内にいるのであれば、主幹や教務主任、研究主任、生徒指導主事、進路指導主事等のミドルリーダーのポストに配置すべきです。

しかし、人数は少ないのです。したがって前章でお話したようなＹＭＬの育成という考えが出てきたわけです。

校内に、この世代の人材がいるようでしたら、特に支障がない限り、ミドルリーダーとして育成していく必要があります。この世代は次世代のスクールリーダーとなる世代です。学校だけでなく、地域の学校教育を策定する行政のリーダーにもなりうる人材です。大いに鍛える必要があります。スクールリーダーとして次世代リーダーを育成することは義務といっても過言ではありません。幸いにして、この世代は「仕事に前向き」な世代です。

では、いかに鍛えていくのでしょうか。

○「ぶれない芯柱」と「しなやかな芯柱」をつくる～法則②～

第1章で、学校経営には「芯柱」が必要であることをお伝えしました。これは言い換えれば、スクールリーダーに芯柱があるということです。次世代のリーダーは、この「芯柱」の大切さを認識するとともに、「ぶれない芯柱」、そして「しなやかな芯柱」をもたなくてはなりません。

「ぶれない芯柱」とは、確固とした経験と情報に裏付けされた信念のもと目指す目標の実現に向けて的確な判断を行うことです。嵐や地震が来ても揺るがない、凛とした柱をもつということです。

また、「しなやかな芯柱」とは、様々な意見や考えを吸収して、よりよいものを目指そうとするしなやかな判断力を指します。嵐や地震が来て、揺れながらも自らのバランスを

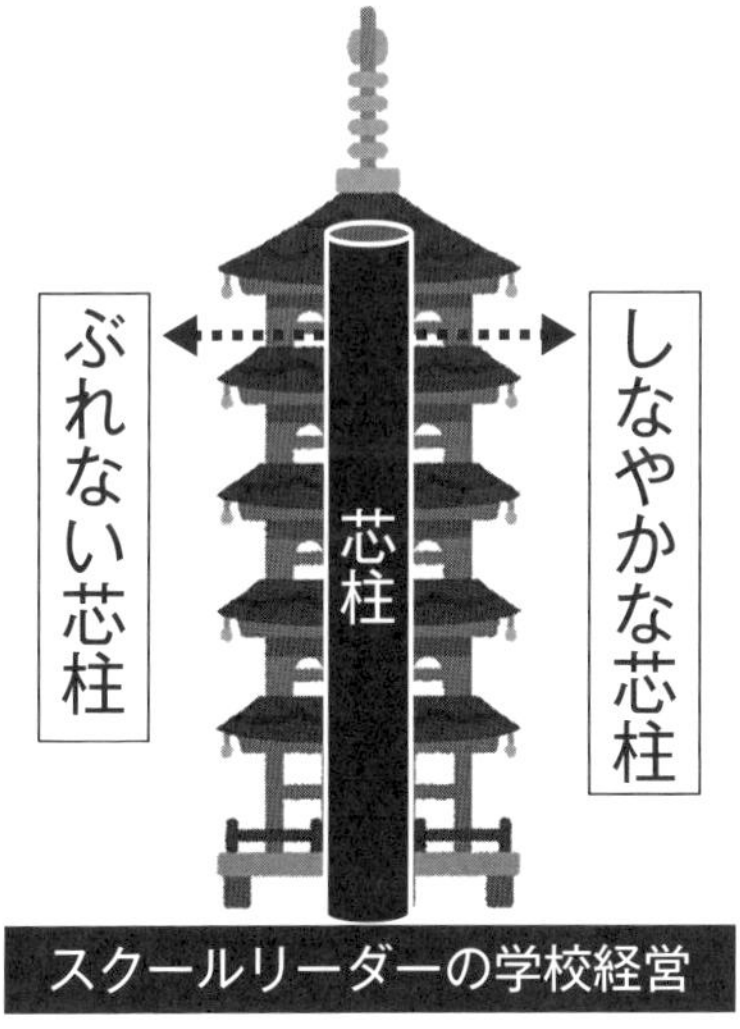

保とうとする柔軟な柱をもつということです。

就職氷河期世代のミドルリーダーは、この二つの芯柱に弱さをもっています。この二つの芯柱を鍛えるべく、スクールリーダーは意図的にこの世代の教員に働きかけを行います。自分磨きは得意ですが、自ら判断する力にやや弱さを感じる世代を育てることが次世代リーダーを育成することにつながります。

バブル世代のリーダーは多くの同期の中で競争や切磋琢磨をしながら身につけてきた力を、高い志をもって彼らに身につけさせていく仕掛け人になります。

○自分の中に絶対的エース（ロールモデル）をつくる～法則③～

２０２３年に行われたＷＢＣ（ワールド・ベースボール・クラシック）で日本代表チームが優勝しました。大谷翔平という絶対的エースがいました。女子ソフトボールには、上野由岐子という絶対的エースがいました。強いチームや組織には、必ず絶対的エースが存在しています。苦しいときには、エースが必ずチームを救ってくれます。そして、エースを中心にチームがまとまっていきます。同じように、自分自身の中にも「絶対的エース」のことをつくる必要があります。「絶対的エース」とは「お手本とするロールモデル」のことを指しています。「ロールモデル」とは、考え方や行動の規範やお手本になる人物のことをです。この「絶対的エース」から学んだことを自分の芯柱にすることが大切です。この芯柱こそが**「ぶれない芯柱」**です。

私は若いころから自分に自信がなく、ミドルリーダーの年代のころにもなかなか自分がすべきことや向かっていく方向が見つけ出せないでいました。そんなとき、アドバイスをくださったのが当時の校長先生でした。

「山田先生、あなたがあこがれている先生や尊敬している先生はいませんか。まずはその人のやることを真似てみて、いいと思うものを自分のものにして自信をつけていきなさい」

この言葉から、憧れの先輩教員の言動をじっくりと観察し、その言動の裏にはどんな思いがあるのかを考え、実践するようにしてみました。もちろん観察だけでなく直接質問や

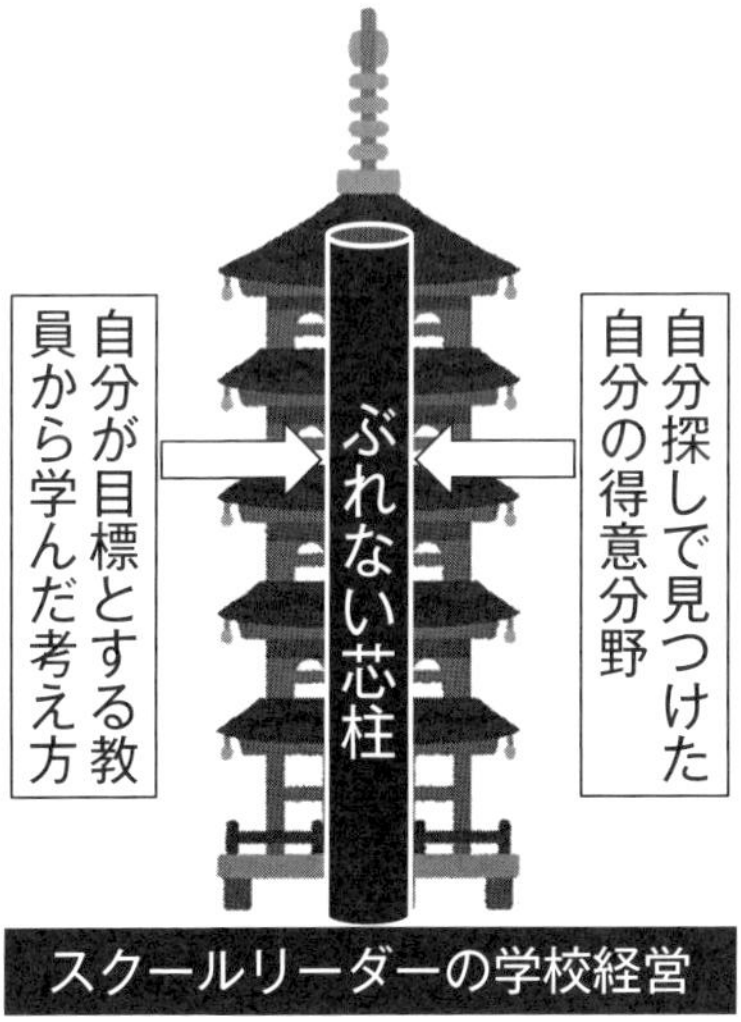

話もして自分なりの教育観を創り上げてきました。自分が校長になってからも様々な活動ができ、難しい局面でも自信をもって判断をすることができたのは、この時代の教育観形成活動があったからだと考えています。この活動の中で培った考え方と自分が学んできた道徳教育という二つの要素が絡み合って「ぶれない芯柱」ができあがったと考えています。

就職氷河期世代の教員は、自分探しで見つけてきた自分の得意分野をもっています。足りないのは、「考え方」の部分です。身近なスクールリーダー等をロールモデルとして学ぶことを意識させることが大切です。リスクへの弱さをこの「ぶれない芯柱」をつくることにより解消し、次世代リーダーとしての資質を育てていきます。この世代が、次世代リーダーとしての自覚をもち、ミドルリーダーとして活躍することは、学校がチームとなる上でも大きな意味があります。

○練って練って練り上げて、たたき上げる経験をさせる～法則④～

次は、「しなやかな芯柱」の育成です。就職氷河期世代が苦手なコミュニケーション力の育成について話を進めていきましょう。

この世代の特色は、就職時の採用数が極端に少なかった世代ですので、競争せずとも様々な立場の仕事を経験し、多くのことを学んできている点です。しかし、上のバブル世代が強いリーダーシップで大きなプロジェクトを成功させてきたので、自分からそうしたプロジェクトの企画や運営を練り上げてきた経験が乏しく、どちらかというと指示されたことをまじめにこなしてきた世代でもあります。そこで、ミドルリーダーの年代になったこの世代に、様々な教職員との連絡調整を行い、一つのプロジェクトを練って練って練り上げていく経験をさせます。この連絡調整の力、そして自ら判断、決断し方向性を決めていく力こそが「しなやかな芯柱」となっていきます。

ＹＭＬに対しては、一つの立場や仕事を与えて育成を図ってきました。自分の校務分掌の中で完結するような内容でしたが、本来のミドルリーダーにあたるこの世代には、もっと大きな視野から学校経営を考えることができるような大プロジェクトを任せて、練り上げる楽しさを味わわせることが必要です。例えば、次のようなイメージです。

ＹＭＬ（ゆとり・さとり世代）…道徳教育推進教師として
ミドルリーダー（就職氷河期世代）…市の道徳研究発表大会の企画・運営

かなりスケールが違ってきています。ＹＭＬが行ってきたことをスケールアップした業務となり、様々な人との交流が必須となります。ミドルリーダーが、次世代リーダーになるためにはこうした大プロジェクトを担当させることが実務的で大きな効果を発揮するのです。プロジェクトを進行させる中で、自然とコミュニケーション力をアップさせていくのは必然といえるでしょう。

ただ、もともとコミュニケーション力が低い世代です。いきなりそんな業務を任せて大丈夫なのかという疑問をもたれる方も多いと思います。

○推進小集団がミドルリーダーを救う

その秘策は、推進小集団にあります。決して一人に任せるようなことをしてはいけません。すぐに潰れてしまいます。ミドルリーダーとともにプロジェクトを推進する小集団を活用します。この小集団こそがミドルリーダーのコミュニケーション力を生み出す最重要組織です（次ページの図参照）。

この推進小集団のメンバーは、当事者であるミドルリーダー、校長、教頭、研究主任等の数名で構成します。できる限りスクールリーダーが中心メンバーとなります。ミドルリーダーより下の世代や担当者は入れず、推進小集団をミドルリーダーの「学びの場」とします。図のように、この「学びの場」は「教えてもらう場」ではなく、スクールリーダーとともに対話や議論を通して、どのようにプロジェクトを推進していくかを学び、方向性を確認する場とします。こうした場があることで、ミドルリーダーは安心して連絡・調整、そして実行へと歩みを進めていきます。何よりもこの推進小集団での対話や議論がコミュニケーション力をかなり向上させていきます。いわば、バブル世代のコミュニケーション力を学ぶ場といっても過言ではありません。バブル世代のよさを受け継ぐような形の「学びの場」となります。困ったときには、この推進小集団が助けてくれるという安心感は、ミドルリーダーを大きく成長させていきます。

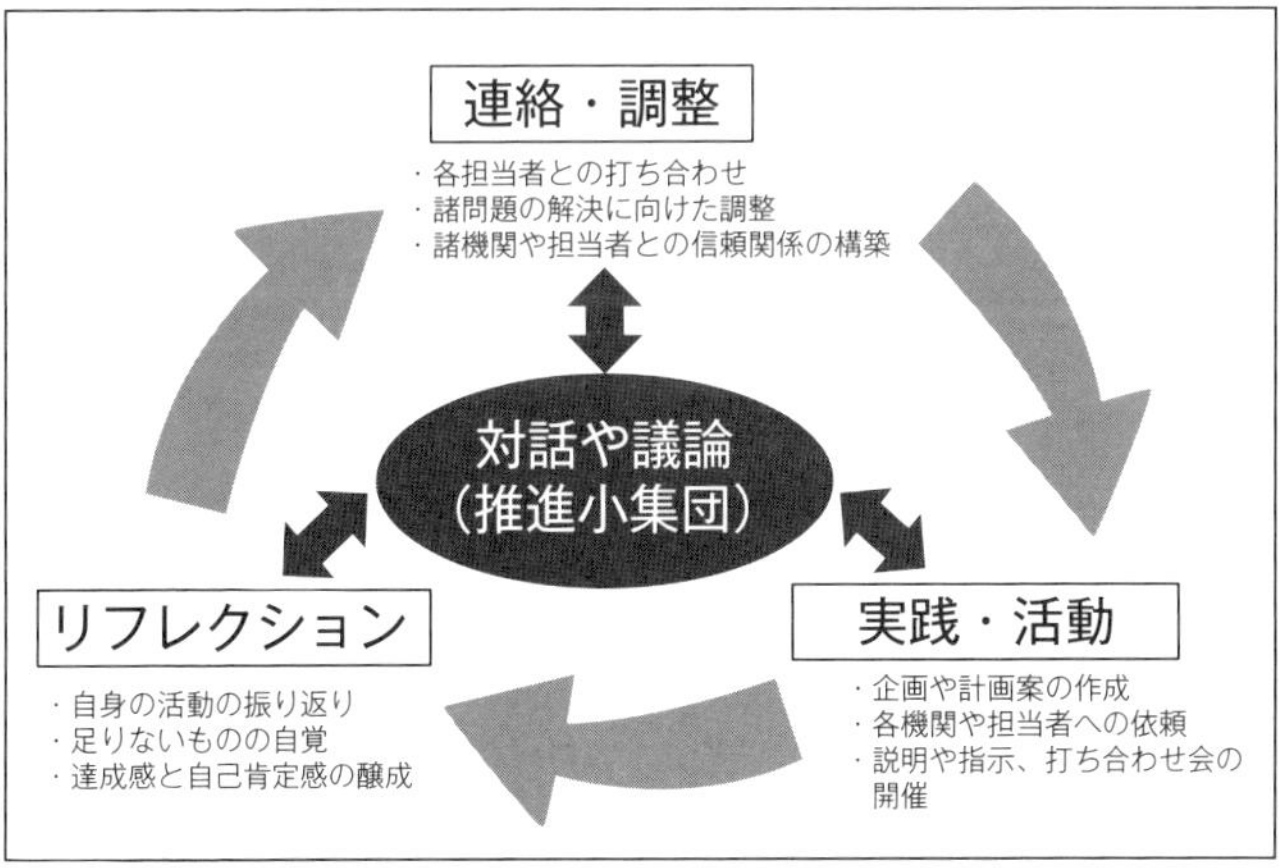

○二つの芯柱を育成する「推進小集団」

ここまで話を進めてくると、すでにお気づきのように、この推進小集団は、「しなやかな芯柱」だけでなく「ぶれない芯柱」をも育てています。推進小集団の中での対話や議論は、スクールリーダーとしての判断力や自覚等を学ぶ場にもなっているということです。ぶれないスクールリーダーのイメージをこの対話や議論の中で学んでいくことができます。このような「学びの場」を準備している学校は大きく変化をしていきますが、ない学校のミドルリーダーは、行きあたりばったりの対応をする姿勢が身についてしまいます。せっかく能力を秘めている世代だけに、大変悲しいことです。

■就職氷河期世代（ミドルリーダー世代）の育て方の法則

法則①…ミドルリーダーとして育てる
　・ミドルリーダーのポストに配置する
法則②…「ぶれない芯柱」と「しなやかな芯柱」をつくる
　・確固とした信念に裏付けられた判断力（ぶれない芯柱）
　・多様な考えを吸収して判断する力（しなやかな芯柱）
法則③…自分の中に絶対的エース（ロールモデル）をつくる
　・お手本となるロールモデルを見つける
法則④…練って練って練り上げて、たたき上げる経験をさせる
　・推進小集団をつくって対話と議論を繰り返す

大きな組織になればなるほど、自分の考えや意見は伝えにくくなります。しかし、小集団であれば、「個」の考えを表現しやすくなり、多様な考えや意見を練り上げていくにはぴったりの集団ということがいえます。前章のＹＭＬの育成でも「メンター制度」を導入することや小集団での学びの会が重要であることをお伝えしました。学校がまとまる、チームになるということは、小集団での学びや対話・議論が活発に行われている学校といっても過言ではありません。それを組織的に行えるかどうかが、よいスクールリーダーとそうではないスクールリーダーの違いといってもよいでしょう。皆さんの学校にはどれくらいの小集団での学びの会が存在していますか。

POINT

就職氷河期世代の一般教員を育てるには、ミドルリーダーとしての地位を与え、「ぶれない芯柱」と「しなやかな芯柱」をつくるよう小集団で学ばせることが大切です。

ゆとり・さとり世代の教員は「自分らしさ」を大切にしてまとめる

◯「自分らしさ」を大切にするゆとり・さとり世代

ゆとり・さとり世代とは、１９８７年から２００４年前後に生まれた世代を指します。この世代は、いわゆる「ゆとり教育」を受けてきた世代で、知識詰め込み型教育からゆとり教育へ、ゆとり教育から脱ゆとり教育への移行段階をそれぞれ経験しています。特に、「ゆとり教育」が見直された時代に育ってきた世代を「さとり世代」といっています。本書では、この世代を分けずに「ゆとり・さとり世代」として話を進めさせていただきます。まずは、この世代の特徴を確認しましょう。

この世代が育ってきた時代は、バブル景気がはじけた後で、ずっと不景気の時代でした。上の世代の就職難、リストラや転職、独立等の社会的な問題を身にしながら育ってきた世代です。学校でも、子どもたちの個性や人間性を尊重し、自律性や独創性、創造力などを育む「ゆとり教育」が行われるようになりました。子どもたちを「競争させない」「追い込まない」教育の中で、「個性尊重型」の教育を受け、次のような特徴や価値観が形成されました。

⑴自分らしさを大切にする

この世代は、不景気の中で育ってきているため、出世や地位、年収やブランドといった外的な満足感よりも、自分自身の充実感や内発的な目的に忠実に生きていこうとする人が多い世代です。つまり、「自分らしさ」を追求する傾向が強く、「他者と自分は違って当たり前」という考え方が浸透し、自分のアイデアや意見に自信をもち、自分自身の「個性」を活かした生き方を追求する傾向にあるといわれています。

⑵チームワークを重視する～競争や順位への関心の低さ～

ゆとり・さとり世代は、周囲と競った経験が他世代と比べて少ないという特徴があります。したがって、競争意識や順位への関心が低い傾向にあります。

その反面、競争する機会が少なかったことにより、他者を「競争相手」ではなく「仲間」と捉えることができるといわれています。そのため、「みんなで協力する」「困っている人を助ける」など、チームワークを重視する傾向が見られます。また、そのため、先の見えない不安をもち、夢や目標といった将来への期待感よりも安定した生活を選択する人が多いのも、この世代の特徴の一つです。

(3)ストレス耐性が低い～すぐ折れる～

先述したように、「ゆとり教育」では子どもたちの個性が尊重されてきました。そこで、ゆとり・さとり世代は、「しかられる」機会が少なかったため、メンタルが繊細で、ストレス耐性が低い傾向にあります。些細な出来事のトラブル、他の人からの言動や指摘を必要以上に重く受け止めてしまうこともあります。「研究授業がうまくいかなかったので自信をなくした」「主任から給食の配膳の仕方で注意を受け、やる気がなくなってしまった」「文科省の要求が多すぎる」等々……。驚くべき理由もあります。上の世代であれば、自分を磨くために努力を積み重ねていたものが、この世代では心が折れて、転職という選択をすることも当たり前になっています。継続して仕事を続けるというよりも、「自分らしさ」を表現できる仕事にすぐに切り替えていくことを大切にする世代でもあります。

(4)デジタルネイティブ

この世代は、インターネットとともに育ってきたデジタルネイティブの世代です。家にパソコンや携帯電話があるのが当たり前の中で成長してきているため、ＩＣＴのスキルに優れているだけでなく、ＳＮＳを使いこなし、仲間と横のつながりを構築してきた世代でもあります。かつての縦のつながりを重視した生き方よりも、ゆるい横のつながりを重視した生き方を大切にする傾向にあります。

ですから、形式ばった行動様式には違和感をもち、実質的、現実的な行動様式を好む傾向があります。宴席で、

■ゆとり・さとり世代（若手世代）の特徴

(1)自分らしさを大切にする
- 出世や地位、年収やブランドといった外的な満足感よりも、自分自身の充実感や内発的な目的に忠実に生きていこうとする
- 「個性」を活かした生き方を追求

(2)チームワークを重視する～競争や順位への関心の低さ～
- 競争意識や順位への関心が低い
- 「みんなで協力する」「困っている人を助ける」など、チームワークを重視する

(3)ストレス耐性が低い～すぐ折れる～
- 「しかられる」機会が少なかったため、メンタルが繊細
- 些細な出来事のトラブル、他の人からの言動や指摘を必要以上に重く受け止めてしまう

(4)デジタルネイティブ
- 家にパソコンや携帯電話があるのが当たり前の中で成長してきている
- 縦のつながりを重視した生き方よりも、ゆるい横のつながりを重視した生き方を大切にする

ありません。

「上司に酒を注ぎに行かなくては」という無駄なコスパの悪いことに価値を見出すことは

○まずは対話で相手を理解することから～法則①～

では、スクールリーダーは、こうした特徴をもつ世代とどのように関わっていくとよいのでしょうか。

まずは、この世代の教員が何を大切にしているのかを把握することから始めます。「把握する」というと上から目線になりますから、「理解する」といった方がよいでしょうか。スクールリーダーにとっては、まったく違った育ち方、考え方をした世代ですので、その行動様式や考え方を理解するのです。就職氷河期世代までは、団塊の世代から受け継がれた考えが軸となっていましたが、ゆとり・さとり世代は、まったく違っています。スクールリーダーがもっている考え方を常識と思っていると、それが通用しないことに気がつくはずです。「欠席の連絡をメールで送ってくる」「学校の歓送迎会よりプライベートのコンサートを優先する」といった行動様式は、バブル世代のスクールリーダーには違和感がありますが、ゆとり・さとり世代にとっては、当たり前の行動なのです。彼らにとっては、

「自分らしさ」を大切にしているだけなのです。バブル世代のスクールリーダーが、自分の価値観を押し付けようとすると、「欠席連絡は電話でするのが常識だ！」「歓送迎会が優先に決まっているだろう！」となってしまい、世代間ギャップが生まれます。彼らの行動様式や考え方が理解できれば、そんなに腹を立てることもなくなるわけです。

前置きが長くなりましたが、このようにこの世代をまずは理解することから始めます。そのために、この世代の教職員とは対話を大切にします。もちろん、一人ひとり大切にしているものが違うわけですから、一人ひとりと時間を取って面談を行います。忙しい皆さんですから、特別に時間を取ることが難しい場合もあるかと思います。教員評価や人事考課に関わる面談の時間でも大丈夫です。余裕があれば、ぜひ時間を取って面談を行うことをお勧めします。それ以外にも、廊下で出会ったときやトイレで一緒になったときなどの短い時間をとらえての雑談も重要になります。

この世代は、形式ばったことを嫌いますから、ゆったりと雑談をするところから話を始めることが大切です。「面談」などと構えてしまうのではなく、「先ほどの授業について話をしようか」というように気楽な感じで声かけをします。

○「自分らしさ」の正体を突き止める

ゆとり・さとり世代の教職員との対話の方法については、下図に示したように「共感的な対話」を意識しながら進めていきます。

(1)雑談から

相手が構えてしまわないよう雑談からスタートします。アイスブレイク的な話がよいでしょう。当然ですが、傾聴する姿勢で聴きます。

(2)身近な話

教職員がどこに重点を置いて子どもたちの指導にあたっているのかを知る意味で、学級づくりや授業の話をします。「自分らしさ」が徐々に見え始めてきます。

■「対話」を創る（共感的な対話）

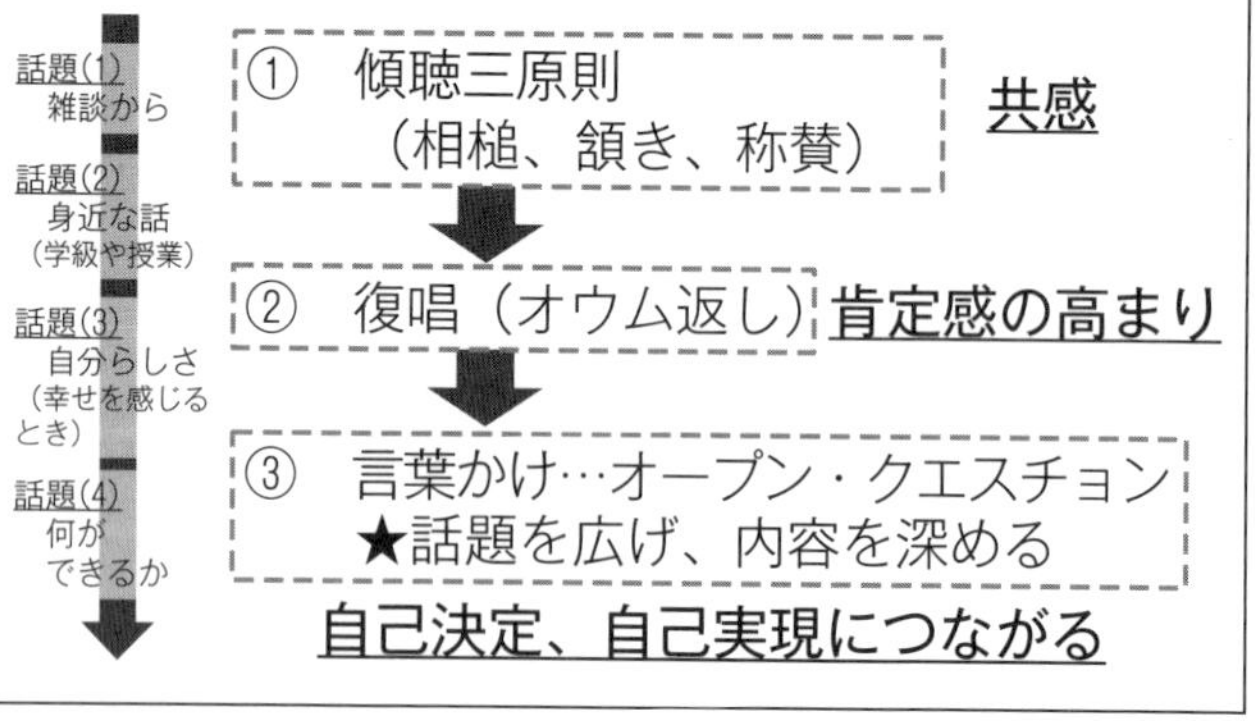

⑶自分らしさ

いよいよ本題です。この世代の教職員が、学校生活の中のどこに「自分らしさ」を感じているのかを理解するための内容に入ります。身近な話でどこに興味や関心があるのかがある程度見えてきますので、「どのような授業を創りたいのですか」「学級づくりのどこに魅力を感じますか」「やりがいや幸せを感じるときはどんなときですか」というような質問をすることによって、「自分らしさ」を理解するとともに共有することが大切です。

⑷何ができるか

この世代（若手世代）の「自分らしさ」を共有したら、その教職員にストレッチゾーンを与えます。ストレッチゾーンとは、少し頑張れば達成できそうな目標です。「自分らしさ」をさらに磨いていけるような場を与えることにより、この若手教職員の資質や能力を意図的に伸ばしていきます。自己決定する中で、自信をつけさせていきます。

問題は、「場」です。どのような「場」を与えるかがスクールリーダーの力の見せどころです。ストレスを感じさせず、横のつながりを重視しながら、「自分らしさ」を表現できる「場」です。

こうした四つの段階での対話は、先述したように「共感的な対話」を心がけます。「傾聴三原則」「復唱」「オープン・クエスチョン」を使いながら、先ほどの四つの対話を行います。ベテラン教職員にも面談の時間はありますが、若手には特にこうした点に気をつけながら対話を中心とした面談を進めます。この面談が若手をまとめるうえでの生命線になります。雑談から対話を始め、身近な学級経営や授業づくりに話を展開し、どこに興味や関心があり、「自分らしさ」を感じているのかを把握したうえで、いよいよ「場」の設定を行います。

●フラットな小集団で自分らしさを出させる～法則②～

この世代との対話から、その教職員の「自分らしさ」を把握したスクールリーダーは、その「自分らしさ」を発揮できる「場」を用意します。

では、どのような「場」を用意したらよいのでしょうか。「フラット」な場を用意することです。「フラット」とはどういうことでしょうか。皆さん、ご存じのように「フラット」とは、平坦な状態や等質な状態を指す言葉です。この世代の教職員は、先述したように横のつながりをつくることに優れ、きつい言葉や指摘などの「圧」に弱い傾向がありま す。「場」の中に上位の者や「圧」の強いものがいると、せっかくの「自分らしさ」が消えてしまいます。緊張感や遠慮、気遣いがなく、できるだけ同じ立場にある者同士での学びの「場」が必要になります。「自分らしさ」を十分に発揮できるような環境の中で、横のつながりを大切にしながら業務や研修を進めていくことこそが、この世代の力を大いに発揮させる重要な法則となります。集まる人数は、決して多くなくても大丈夫です。最小2名からで問題ありません。人数が増えれば増えるほど、気遣いやストレスが起きやすくなります。少人数の方が、「自分らしさ」を発揮しやすくなります。このような「場」をいかにつくっていくかがスクールリーダーの大きな役目となります。

○迷ったら児童会・生徒会担当から始める―事例①―

「自分らしさ」がどこにあるかは人それぞれですが、明確な「自分らしさ」がない場合やどのような「場」を用意したらよいか迷う場合は、児童会・生徒会担当から始めてみてはどうでしょうか。地域や学校によっても違うと思いますが、児童会・生徒会担当は若い世代の校務分掌になっているかと思います。子どもたちの主体的な活動である児童会活動や生徒会活動を活発にするには、子どもたちの年齢に近い方が気持ちや考えが理解しやすいからです。若い世代が集まる校務分掌であるからこそ「圧」におびえることなく自分の考えや思いを表現できるようになります。

ゆとり・さとり世代は、こうしたフラットな環境になると実に大きな力を発揮します。私自身、校長をしていた時代に、こうしたことを意識して校務分掌を配置していました。ある日、地元FM局から「中学校でラジオ番組ができないか?」という依頼を受けました。すぐさま、生徒会担当の3人のゆとり・さとり世代の若手教員に投げかけました。もちろん、具体的な指示はせず、3人と生徒会執行部とで話し合って具体的に進めてほしいことのみを伝えました。担当の3人は、チラチラと私の目を見ながら指示が欲しそうな感じでしたが、あえて任せてみました。

子どもとの会話やふれあいを「自分らしさ」としているA先生、生徒との関わりよりも物事を緻密に計画して進めることを「自分らしさ」とするB先生、パソコンを始めとするデジタルとの関わりを「自分らしさ」とするC先生。この三つの「自分らしさ」がフラットな「場」で交わりあうと、大きな力が発揮されます。

音声や画像編集、取材はC先生が力を発揮します。全体のスケジュールや取材方法はB先生が、実際に生徒の意見を吸収しながら、生徒とともにアイデアを練り上げるのはA先生が、その力を発揮します。小さな小さな集団や組織の中で、ゆとり・さとり世代は「自分らしさ」を発揮しながら、チームとしてのまとまりを見せてきます。

ゆとり・さとり世代は小さな集団の中でまとまりをつくる

これが、この世代をまとめていく大きな法則の一つになるかと思います。

ワンランク上を目指すなら、小さな学びの「場」を与える―事例②―

「小さな集団での話し合いや学びから」がこの世代をチームとしてまとめ、伸ばす法則です。さきほどの児童会・生徒会は校務分掌の中での「自分らしさ」の発揮でしたが、本来は学級経営や授業づくりの中でそれを発揮してほしいものです。あくまでも分掌の中でのフラットな「場」は練習に過ぎません。本来的には学級経営と授業づくりにおいて「自分らしさ」を発揮し、子どもたちの指導に当たっていけるような土壌が職員集団の中に生まれてくることが大切です。ただ、待っていてもこうした土壌は生まれてきません。土壌を改良するためには、腐葉土や鶏糞堆肥や牛糞堆肥などを投入します。同様に、若手の職員集団に刺激的な堆肥を与えていく必要があります。

毎年、道徳の研修で訪問させていただいている中学校の校長先生の手法が実に見事ですので紹介させていただきます。

この学校に講師として呼んでいただいている私自身が「堆肥」とお考えください。この校長先生は、学校としての研修は教頭とＹＭＬに任せています。これは先述したようなＹＭＬ育成の方法をすでに行っていらっしゃいます。これだけでも素晴らしいのですが、素晴らしいのは、出前授業や研修会の後です。

若手教員だけを集めて、講師である私との座談会が用意してあるのです。この「場」には、管理職もベテラン教師もＹＭＬもいません。若手の先生が数名いるだけです。進行も自分たちで行います。小集団ですから、当然和気あいあいと話が進んでいきます。この座談会がゆとり・さとり世代に問題意識を芽生えさせ、小集団として自然派生的に学びの集団が誕生します。1年後に同じ学校を訪れると、一人ひとりの若手が、「授業を見てほしい」と迫ってきます。授業がまだまだ未熟だった彼らが、「自分らしい」授業を自信をもって行っているのです。特に組織をつくったわけではないのですが、他校の先生ともつながりができていました。まさに横のつながりをつくることに長けている世代です。何と授業動画や指導案もクラウドを使って共有していました。さすがは「デジタルネイティブ」

です。スクールリーダーの堆肥が効果を表わしてきたといえます。フラットな「場」に堆肥である刺激を与えることで、この世代は横のつながりを広げるとともに「自分らしさ」を表現し始めます。

ワンランク上を目指すなら、こうした小さな学びの場を与えることです。ゆとり・さとり世代のよさを活かし、横とつながりながらどんどん成長していきます。

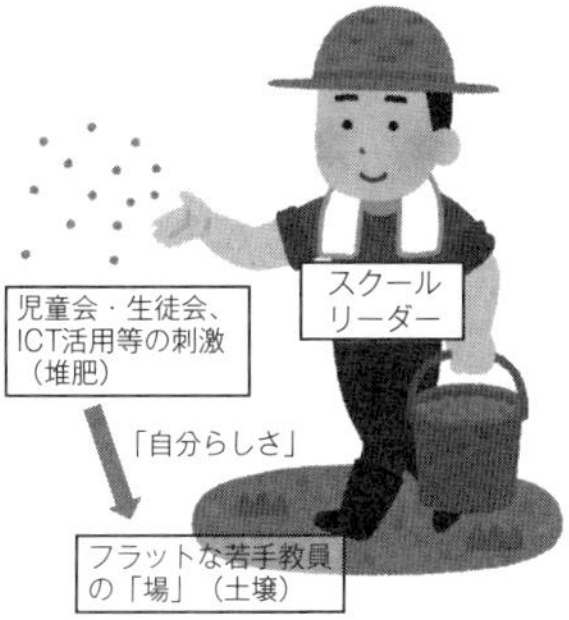

●ＤＸの中心的存在として自分らしさを発揮させる～法則③～

この法則は、この世代が最も得意とするデジタル分野での「場」を設定することです。コロナ禍の中で一気に進んだＧＩＧＡスクール構想の推進者として「自分らしさ」を発揮させることです。

この世代は、デジタル機器の発達とともに成長してきた世代です。ＩＣＴを含めたＤＸ（デジタルトランスフォーメーション）について大きな抵抗なく取り組むことができる世代です。この後で話題にするＺ世代とともに、校内におけるその担い手として、その資質や能力を活かすことができます。彼らも生き生きとして活動をするはずです。ただ、個人的に好きだからＩＣＴに取り組んでいるようでは、チームとしてのまとまりは生まれてきません。やはりここでも少人数の「フラットな場」を用意することです。ゆとり・さとり世代の若手教員数名からなる推進チームをつくることで、学校のＩＣＴ教育は大きく動き始めます。いきなり学校全体でＩＣＴ教育を動かそうとしても労力のわりに大きな効果は得られません。少人数の推進チームの動きから、徐々にその効果が広がっていくことを期待することが近道といえます。もちろん教職員全体での研修会も必要ですが、そればかりだと長続きしません。少人数の推進チームが様々な提案をしてくれます。いわゆるボトムアップ的にＧＩＧＡが動き始めます。ＧＩＧＡだけにとどまらず、児童生徒のデータ利活用や学習環境や校務支援のデジタ

■ゆとり・さとり世代（YML、若手世代）の育て方の法則

法則①…まずは対話で相手を理解することから
・「自分らしさ」の正体を突き止める

法則②…フラットな小集団で自分らしさを出させる
・迷ったら児童会・生徒会担当から始める
・小さな学びの「場」を与える

法則③…DX の中心的存在として自分らしさを発揮させる
・デジタルネイティブの本領を発揮させる

法則④…YML やメンターとして育てる

ル化まで期待することができます。
まずはＩＣＴに強い数名の若手教員に声をかけるところからスタートしてはどうでしょうか。この数名の小さな「場」が必ずや大きなムーブメントをつくりだしてくれます。

●ＹＭＬやメンターとして育てる～法則④～

そして、最後は第３章で紹介したＹＭＬ、あるいはメンターとしての活用です。この世代の中でも特にＹＭＬやメンターとして成長が期待される教職員に立場を与えます。詳細は第３章でお話しした通りですが、この世代が力を発揮し始めると学校は大きく変化し始めます。スクールリーダーの皆さん、この世代との関わりをメインにしてチームづくりをすることをお勧めします。学びの小集団がたくさんできることがベストです。「任せる」という勇気をおもちください。この世代は、必ず「自分らしさ」をもって応えてくれます。

POINT

ゆとり・さとり世代の若手教員は「自分らしさ」を発揮できる小集団のフラットな「場」を用意することで、横のつながりをつくりながら成長します。

Z世代の教員は「承認欲求」を大切にしてまとめる

Z世代とは何だろう?

最近、よく「Z世代」という言葉を耳にします。そもそも「Z世代」とは何でしょうか。次ページの表をご覧ください。欧米の世代区分では、X世代、Y世代、Z世代という名称で世代を区分しています。したがって、「Z世代」とは、本書の区分でいうと「ゆとり・さとり世代」の後半に生まれた世代ということができます。

では、この世代の特徴を見ていきましょう。

(1)SNSネイティブ

ゆとり・さとり世代がデジタルネイティブと言われますが、中でもこの世代は生まれたときからスマートフォン等のモバイル端末があり、SNSでの交流が当たり前にある時代に育っています。デジタルを当たり前に使いこなす強さをもっている世代です。

(2) タイパやコスパの重視

　この世代は、インターネットやＳＮＳを通じて様々な情報を手に入れています。したがって、他者からの情報をもとにして失敗の少ない行動をしようとする傾向があります。したがって、タイパ（タイムパフォーマンス）やコスパ（コストパフォーマンス）を重視して効率よく行動しようとする傾向があります。

(3) 失敗したくないという保守的傾向

　この世代は、(2)で紹介したように情報が豊かなため、「失敗したくない」という考えが強く、新しいことにチャレンジするよ

世代	Ｘ世代	Ｙ世代	Ｚ世代
生年	1965～1980年頃	1980～1995年頃	1996年～
特徴	高度経済成長期やバブル期に生まれ、経済的な変革期を経験しました。そのため、物質的な豊かさに価値を置く傾向があります。自己主張や個人的な成功を重視する傾向もあります。	ミレニアル世代とも呼ばれます。幼少時代からインターネット環境が整っていたため、デジタルネイティブといわれることもあります。「モノよりもコト」を重視します。	生まれたときからインターネットやスマートフォンが普及しており、多様性やダイバーシティに対する意識が高く、社会的な意義を重視する傾向があります。また、自分の価値観を大切にします。

（『Ｚ世代・さとり世代の上司になったら読む本』〔著者・竹内義晴〕を参考に作成）

りも波風を立てないように生きていきたいという傾向があります。育ってきた時代が低成長、超高齢化社会であることを考えると、安定した生き方をしたいと考えるのは当然でしょう。

(4) 承認欲求が高い

この世代は、子どものころに、総合的な学習の時間等に環境問題や多様性、社会貢献等の学びを経験しているため、多様な生き方を認めることができます。したがって、「自分は自分」という考えも強く、気の合う仲間同士では自分を出せますが、そうでないところでは自分を主張しません。自分のことを認めてもらえると、自分をしっかり出せるようになります。

ちなみに、「気の合う仲間」は「イツメン（いつも一緒にいるメンバー）」と呼ばれ、その中では自分を表現できますが、それ以外では本来の自分を隠すような傾向があります。Z世代は、ＳＮＳで「いいね」の数が増えることが一つの自信となっています。小さなコミュニティ（気の合う仲間）の中で認められたいという承認欲求が強い世代です。

○メンティーとして小さな目標を達成する～法則①～

Ｚ世代の超若手教職員は、まだ教師としてスタートしたばかりの経験の少ない先生です。多くのことを求めるのは、彼らを委縮させ、自信を喪失させることにつながります。この世代を成長させ、学校の貴重な戦力としてまとめていくには、彼らのもつ「承認欲求」を満たしていくことです。「頑張れ！」「学びなさい」といって自分からできるものではありません。道標を示し、自ら学ぼうとする意識を高めることがスクールリーダーとしての大きな役割となります。

賢明な皆さんはもう気づかれたはずです。前章で紹介したメンター制度を活用することです。

メンター制度＝ゆとり・さとり世代（若手世代）とＺ世代（超若手世代）の融合

バブル世代とのマッチングもありますが、最も効果を生むのは、この組み合わせです。年齢の近い「気の合う仲間」の中では「自分らしさ」を十分に表現できるからです。二つの世代が、それぞれのストレッチゾーンに設定した小さな目標を達成するために切磋琢磨します。この切磋琢磨は、学校の活性化に大きくつながっていきます。

●ゆとり・さとり世代（若手世代）…メンター
●Z世代…メンティー

↓

小さな目標への取組

「失敗したくない」世代です。二つの世代の教職員が、様々な情報を収集し、学びの輪を広げ、自分らしい学びを進めていく姿が目に浮かびます。ゆとり・さとり世代が学ぶ小集団の学びの「場」に、この世代も加わることが必須です。

○クラウド等を使った意見共有で学校経営に参画する～法則②～

Z世代はコスパ、タイパを考え、効率のよさを追求するという特徴があり、SNSやクラウド等にも抵抗感がありません。この特徴は、現在、学校現場で進んでいる「働き方改革」に大きな影響を与えます。スクールリーダーとして、この強みを「働き方改革」に活かすべきです。

学校教育推進の中核となっているバブル世代、就職氷河期世代は、どちらかというと昭和の古い働き方を経験してきた世代です。よい面もありますが、時間や方法についてはかなりの無駄があったことは否定ができません。

・主任が帰るまで、気を遣って帰ることができない
・研究授業の協議会で授業者が被告人のような立場で厳しい意見を聞く
・印刷や製本を一人の先生が夜遅くまでやっている
・連絡しかない会議にわざわざ多くの先生が集まって確認する
・誰も読まないような報告書を書かなくてはならない

これらは一例ですが、まだ多くの不都合な働き方が学校内に残っています。Ｚ世代の目は、無駄や意味のない活動を敏感に感じ取っています。この感覚を働き方改革に活かすことで、一気に働き方改革を促進することができます。

⑴クラウドを使って意見集約

この世代は、全体の場で意見を伝えることに抵抗をもっている世代です。学校現場の働き方について「おかしい」「何か変」「効率が悪い」等の率直な考えをクラウドを使って共有するシステムをつくってはどうでしょうか。Ｚ世代に限らず、多くの教職員から意見や

考えを集めることができます。Z世代の効率のよさを追求する新鮮な感覚を働き方改革に取り入れるきっかけとなります。

(2) フラットな場での「働き方改革」ファシリテーション

もう一つ、クラウドを使ったファシリテーションを紹介します。これは、以前模造紙を使って行っていたファシリテーションです。

30分程度の研修時間を設定し、下図のような日課表を教職員に記入してもらいます。世代ごとにグループも編成します。クラウドですので、様々な世代の日課表を見ることができます。これをもとにして、グループで対話し、自分の1日の過ごし方について振り返りをします。Z世代の無駄のない生き方を共有することができます。「働き方改革」に対する意識を高めることができる一つの方法です。

この方法は、一日の日課だけに限りません。

●平日

ランニング	5:00	6:00
家族で朝食	6:00	7:00
通勤（自家用車）	7:00	7:20
本日の仕事の確認、決裁	7:20	7:45
あいさつ運動、打合わせなど	7:45	8:15
そうじ、読書タイム	8:15	8:55
午前の授業	8:55	12:45
給食	12:45	13:25
昼休けい	13:25	13:45
午後の授業	13:45	15:35
帰りの会	15:35	16:00
部活動巡回、委員会活動	16:00	17:30
HP 更新、打ち合わせ、学習会	17:30	19:00
通勤（自家用車）	19:00	19:30
家族で夕食、団らん	19:30	21:00
読書、研究、発表準備	21:00	22:30
音楽鑑賞	22:30	23:00
睡眠	23:00	5:00

毎回、テーマをもって「語り場」的にフリートークすることが大切です。例えば、「事務作業の効率を上げるには？」「机の上を美しくするには？」「テスト作成の時短法」というようなテーマを設定し、クラウドを使って思いや考えを共有します。無記名であれば、若手もベテランも自由に自分の思いを伝えることができます。人前では自信がなくて意見が言えない教員もストレートに思いを伝えることができます。何よりもスクールリーダーが、自校の教員が働き方についてどのような思いや考えをもっているかを把握することができます。働き方改革推進の貴重な資料となります。

■Z世代（超若手世代）の育て方の法則

法則①…メンティーとして
小さな目標を達成する
・メンター制度の活用でゆとり・さとり世代と融合

法則②…クラウド等を使った意見共有で
学校経営に参画する
・クラウドを使った意見集約や研修
・「働き方改革」の手本として

POINT

Z世代の教職員は、承認欲求の高さを活かして、メンター制度の中で育てるのと併せて、クラウドを使って「働き方改革」の推進役とすることでまとめます。

クロスジェネレーションという考え方

●あの研究は世代の交差点だった

序章で紹介させていただいた研究発表。重いテレビを運んだ秋の夕暮れの一体感は、「クロスジェネレーション」の体感だったのだと今にしてわかります。世代こそ、今のようには区別はできませんが、当時も「ベテラン世代」「ミドルリーダー世代」「若手世代」「超若手世代」は存在していました。私は「若手世代」でしたが、ベテラン世代から研究の方向性を学び、ミドルリーダー世代から実質的な授業づくりを学び、同じ若手世代と意見を交わし合いました。超若手世代には、一緒に学ぶ中で教師としてのやりがいを学ぶ姿で見せていたように思います。研究というステージは、いくつもの世代がクロスする交差点だったのかもしれません。

ジェネレーションギャップからクロスジェネレーションへの思考転換

ここまで、様々な世代の特徴と活かし方、まとめ方を述べてきました。世代の違いを「ギャップ」と捉えるか「よさ」と捉えるかで学校経営は大きく違ってきます。本書で述べてきたように、各世代の特徴を把握し、その行動や考え方の背景がわかれば、各世代の「よさ」を活かして弱点を補っていけばいいのです。

スクールリーダーは、第１章で述べた通り、明確なキーワードをもち、様々な世代の存在する教職員を一つのチームにまとめ上げていくことが大切です。ここまでお読みいただいてわかるように、学校全体の教職員を一つにまとめるというイメージではなく、各世代の教職員が集まる小集団をたくさんつくるというイメージをもちましょう。学びの場を多くつくることがクロスジェネレーションへの最短アプローチとなります。

— POINT —

各世代のよさを活かしてクロスジェネレーションの考えをもって学校経営にあたることが、学校が一つのチームになる大きなポイントとなります。

学校内の世代による教員構成

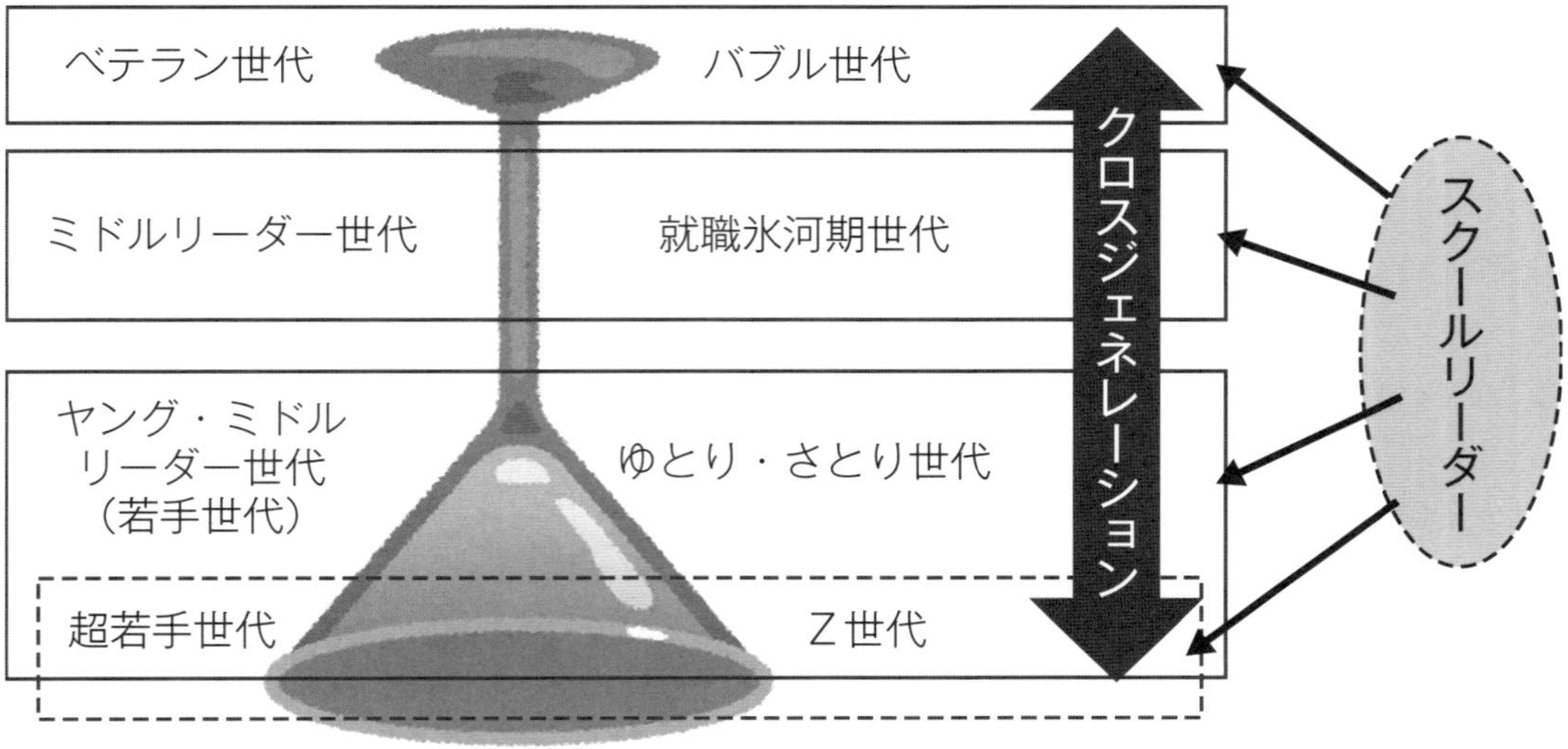

第5章

学校全体を巻き込み
組織力を上げる法則

若手の多い学校とベテランの多い学校

教員の年齢構成から戦略を考える

自分が赴任した学校の教員の構成が、どのようになっているかは、スクールリーダーが戦略を立てるうえで大きな要素となります。若手の多い学校やベテランの多い学校などかなり違いがあります。全国の様々な学校を訪問させていただく中で、おおよそ次のような傾向があることがわかってきました。

都市部の大規模な学校には若手の教員が多く、都市周辺の農村や漁村部の小規模な学校にはベテランが多いという傾向です。この年齢構成により、スクールリーダーは戦略を変更しなければなりません。その構成にあった戦略が必要になるからです。前章でお話させていただいた各世代の特徴を活かした学校経営戦略を推し進めなければなりません。

○若手の多い学校は「研究と学び」を学校経営の中心に据える

全国の小中学校の道徳の研修会や研究に携わらせていただく中で、若手世代の教員が多い学校の組織力の強さと学びに向かう力の大きさを強く感じます。

若手世代やZ世代の教員が多いということは、教員としてまだまだ未熟で未完成であるので「学び」に向かうエネルギーが充満しているということに他なりません。こうした学校のスクールリーダーは、このエネルギーを活かして学校経営を進めることが、組織をチームとしてまとめるとともに学校の活性化につながります。当然、子どもたちへの還元も大きいと考えられます。

若手世代の多い学校は、「研究と学び」を学校経営の中心に据える

(1)研究テーマを設定する

研究テーマの設定は、どの学校でも行われていると思います。若手教員がモチベーションを上げていくには、より狭くより深いものが望まれます。次の二つの研究テーマのうち、

若手教員はどちらに興味を示すと思われるでしょうか。

Ａ　学習における生徒の主体性を伸ばすＩＣＴの効果的な活用について

Ｂ　道徳科の授業におけるＩＣＴ活用と対話が生み出す主体的な学びについて

もうおわかりですね。Ａもよいテーマではありますが、何を学ぶのかがぼんやりしています。Ｂの方が「道徳科」「ＩＣＴ活用」「対話」と具体的でシャープな目標が見えています。この研究テーマの設定段階においても、ＹＭＬを大いに活用し、推進委員会に必ずメンバーとして参加させることが大切です。

スクールリーダーは、研究指定等があれば、「面倒だ」「大変だ」と考えず、「若手を伸ばすチャンス」「教職員が一つの方向に向かっていく起点になる」とポジティブに考えることが大切です。

私が関わった学校の半分ほどは、教育委員会等から研究指定を受けたわけではないのに、Ｂのようなシャープなテーマを設定して戦略的に「研究と学び」を構築しています。若手世代の教員が生き生きと学級づくりや授業づくりに取り組んでいます。スクールリーダーの戦略の素晴らしさを感じます。そこには、「学校を変えたい」「若手を伸ばしたい」「組織力をつけたい」というスクールリーダーの強い思いがあります。

⑵学びの「場」を設定する

これまでも述べてきたように、若手教員はフラットな集団において「自分らしさ」を発揮し、前向きに学びを進める傾向があります。ですので、以下のような「場」を設定することが教職員集団をまとめることにつながり、組織力を高めることにつながります。

①メンター制度の中でのメンターやメンティーとしての学びの「場」
②ＹＭＬとして、主要校務分掌のリーダーとしての学びの「場」
③小集団の自主的な学びの「場」

こうした学びの「場」が数多く存在している状況

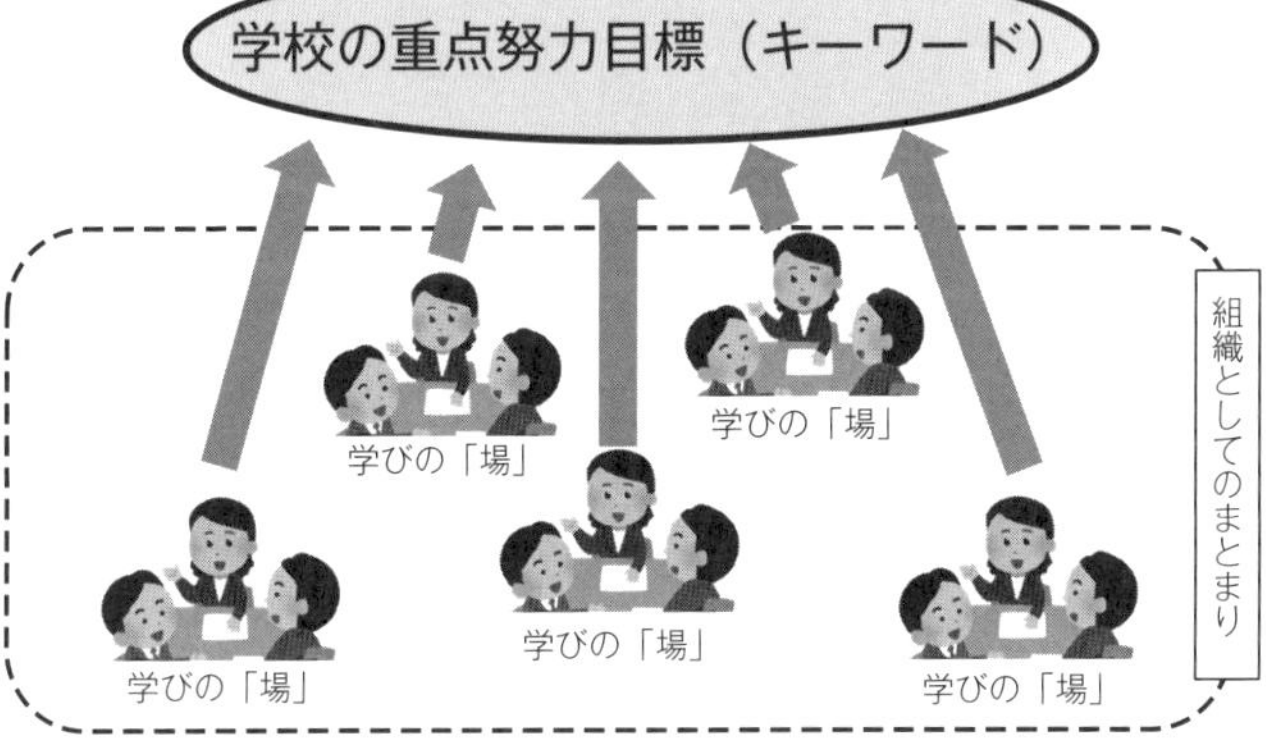

こそが学校が組織としてまとまっていく状態といえます。一見、バラバラな集団に見えますが、すべて学校のキーワード実現に向けての学びですので、最終的にスクールリーダーのリーダーシップのもと一つにまとまってきます。

○ベテランの多い学校におけるスクールリーダーの苦悩

若手の多い学校のスクールリーダーの抱える課題に比べて、ベテランの多い学校のスクールリーダーの課題や悩みは深刻なものがあります。前章でお話したように、この世代は自分の価値観や考え方を変えることや新しいことに挑戦することを避ける傾向があります。

農村にある小規模な中学校。ここの教職員の平均年齢は53歳。改革派の校長先生が赴任してきて、様々な試みを提案しますが、大勢を占めるベテラン教員になかなか受け入れてもらえず、一向に改革が進んでいかないことを嘆いていらっしゃいました。進んでいかないだけで済めばよかったのですが、「圧」の強さによる保護者からのクレームが次々とわいてくる、教職員がなかなかまとまらない等々……。改革どころか後退を余儀なくされるような状況に頭を抱えていらっしゃいました。

ベテラン教員が多い学校では負の側面が強調されやすくなり、「例年通り」妖怪が我が物顔で闊歩しやすくなります。少ない若手のエネルギーだけではなかなか変わっていきません。

この校長先生は、前任校も小規模でベテラン教員の多い学校でした。そこでは、ベテラン世代のよさを活かして学校を一つにまとめ、学校を活性化させていらっしゃいました。そのときの取組を、現任校でもきっと行われるはずです。

ベテラン教員のコミュニケーション力を活かす

この校長先生が行った取組、それは「地域人材の登用」でした。「地域人材の登用」とベテラン教員の活用はどうにも結びつかないという方もいらっしゃると思います。覚えておいででしょうか。

バブル世代の教員の特徴の一つに「コミュニケーション力の高さ」がありました。これを活用したのです。コミュニケーション力の高さを地域人材との関わりの中で発揮させ、授業にまで絡ませるという取組です。農村部にあるこの学校の地域は、学校に対してかなり協力的でした。この強みとベテラン教員の強みであるコミュニケーション力を組み合わせたのです。

具体的には、総合的な学習の時間や特別活動の時間を中心にしてゲストティーチャーとして地域の方を学校に招き、授業に参加してもらうという取組です。もちろん各教科の中でも活用をされました。ゲストティーチャーとの連絡調整や授業内でのゲストとのやり取りや授業の構成は、ベテラン教員の得意とする分野です。数多くのゲストティーチャーを学校に招くことで、学校全体として活気が出てくると同時に、教員同士の情報交換や学びの場が生まれてきたそうです。そのことが学校を一つにまとめていく契機となり、子どもたちに対する指導も大きく変わってきたそうです。スクールリーダーの思いが伝えやすくなったからなのです。

ベテラン教員のもつコミュニケーション力を、このように地域との連携に活用することはカリキュラム・マネジメント（カリマネ）の三つの視点の中の「地域の資源や人材の活用」に当てはまるものであり、学校全体のカリマネの視点からも大きな意味があります。

ゲストティーチャーとの授業風景

地域の人材をゲストティーチャーとして活用することから探究的な学びの在り方の研究につなげ、ベテラン世代の授業スタイルを大きく変えていく転換点にもなります。まずは、地域人材の登用から始めてみてはいかがでしょうか。

●起爆剤の投入でベテラン教員の学びの「場」をつくる

こうした学校でスクールリーダーが頭を抱えるのは、ベテラン教員が「学びを止めてしまう」ことです。

国語教育学者の大村はま先生は「私は『研究』をしない先生は、『先生』ではないと思います」とはっきりおっしゃっていらっしゃいます。若手教員だけが研究推進するというのはおかしな話です。ベテラン教員も子どもたちのために大いに学ぶべきです。しかし、次のような声が聞こえてきます。

「ベテラン教員は、『これでいい』と自分の指導に自信をもっていて研究授業や新しいものへの抵抗感が強いのです」

こうした状況、同じ管理職経験者として、よくわかります。前章でお話したようにフィードバックを中心とした対話も一つの方法ですが、人数が多いとかなり厳しい状況だと思います。ここは「起爆剤」の投入しかありません。

「起爆剤」とは何でしょうか。ベテラン教員の「学びに向かう心」を揺り動かす講師の投入のことです。ベテラン教員が、本気で学ばなくてはと感じさせるような講師を投入することです。講師といっても、一回だけ面白い話をするような講演ではあまり意味がありません。継続的で実践的な「学びの場」でないとベテラン教員の心は動きません。実際に授業を見せてくれる、そして継続的に学びに関わってくれるような講師が必要です。

まずは、足元を見てみましょう。

ベテラン教員はそれぞれ優れた授業技術や教育観をもっています。たくさんのベテラン教員の中から、「キラリ」と光る、今でも前進し続けている教員をピックアップして、授業を参観したり、教育観を聴いたりする場などを設定します。もちろん、参観を避けたがるベテランもいますので、動画を撮影しておいて、それに価値付けをしながら全教職員で視聴してみてもよいでしょう。1名でも2名でも大丈夫です。そこから、他のベテラン教師は必ず刺激を受けるはずです。教員集団が全員でベテラン教員のよさを学ぶという雰囲気が出てくれれば、チームとしてもまとまりができ、学びへの姿勢も少しずつ変化してきます。

ベテラン教員を表舞台に出すまでがスクールリーダーの大きな役割です。一人のベテラン教員の姿勢の変化は他の教員の変化への呼び水になりますから、最初の仕掛けの部分に全力投球してみましょう。

●もう一つの起爆剤は外部から

もう一つの起爆剤があります。

外部からの講師を活用するという仕掛けです。ある小規模なベテラン教員の多い学校へ訪問した際のことです。校長先生から次のような話をお聞きしました。

「うちの学校はベテラン教員が大変多いのです。皆さん、現状に満足していてなかなかモチベーションが上がってきません。みな個人としてはある程度の授業はできるのですが、我流でお互いに学び合う風土がないため、古くて形骸化した授業なのです。つまり、チームとしてのまとまりがなく、向上心も低くバラバラ

なのです。この状況を爆破してほしいのです。この研修会を起爆剤としたいのです」

内部だけでは、なかなか埒が明かない厳しい状況を丁寧にお話いただきました。理論よりも実践的で自分たちの状況を客観的に顧みることができる研修会が必要だったのです。ですから、実際に出前授業を参観いただき、少しの努力で変わることができるという希望、今こそ変わらなくてはならないという必要感を感じることができる研修会を試みました。

こうした実践的な講師は、どの地域にも必ずいらっしゃいます。条件としては、次のようなものが挙げられます。

①年齢がベテラン教員と同じくらいか少し上ぐらいであること
②難しい理論的な話よりもより実践的であること
③一緒に研究を進めていけるような温かくて柔軟な姿勢があること
④外部からの講師であること

特に①の条件が極めて大切です。同年代が、まだまだ学ぼうとしている姿を見ることは、ベテラン教員にとって「勇気」や「励まし」となります。学校のキーワードに結びつくような研究を伴走してくれる講師を探してみましょう。スクールリーダーにとっても相談相手になっていただけます。まさに一石二鳥と言ってもよいのではないでしょうか。徐々に学校が変わっていきます。

○偏りのある環境を嘆くのではなく力に変える

若手の多い学校とベテランが多い学校。ともに偏りがあり、スクールリーダーにとっては苦しい状況かもしれません。しかし、嘆いていても環境は変わりませんね。その状況を力に変えることで学校はきっと変わります。スクールリーダーの戦略次第で教職員集団は一つにまとまり、成長していきます。信じましょう！

― POINT ―

若手教員が多い学校は、「フラットな学びの場」をつくり、ベテラン教員が多い学校は「起爆剤としての講師を投入する」ことがまとまるための法則となります。

学校の規模の大きさによる組織づくりの法則

○「学校規模」という希望と苦悩

地域の状況により学校の規模が決まってきます。規模というのは、児童生徒の人数のことを指しています。

この学校規模により、スクールリーダーの学校経営も大きく変わってきます。それは、次のページに示すようなメリットとデメリットがあるからです。学校のサイズによって希望も生まれてきますが、逆に苦悩も生まれてきます。いかにメリットを大きくし、デメリットを小さくするかがスクールリーダーの腕の見せ所です。

特に教職員に関する部分については、働き方やチームづくりに大きく関連してきます。この学校規模という要素も学校経営を進めるうえで重要なものとなってきます。

小規模校は濃厚な関係性を武器とする

まず、小規模校からみていきましょう。小規模校は教職員数が極めて少ない学校ですので、一つのチームとしてまとめていくには、アプローチがしやすいといえます。教職員一人ひとりとの対話やフィードバックを行う時間をたっぷりと確保することができます。丁寧にじっくりと関係性をつくり、教職員一人ひとりのストレッチゾーンに働きかけることが大切です。こうして、濃厚な関係性をつくることから教職員を育てていきます。

この関係性をもとにして、これまで述べてきたような学校づくり、チームづくりを進めていきますが、気をつけなくてはいけないのは、人数が少

	小規模校	大規模校
メリット	・一人ひとりの児童生徒に目が行き届く ・教員間の意思疎通がしやすい ・施設や教具が十分に提供できる ・学校づくりがしやすく関係性が濃厚	・幅広い人間関係を築くことができる ・教員一人ひとりの校務負担が少ない ・大規模な教育活動が可能となる ・学びの機会が多い（児童生徒、教員）
デメリット	・人間関係が狭く、多様性に乏しい ・教職員一人のもつ業務が多い ・交流範囲が狭くなる ・教育活動に制限が出てくる	・一人ひとりへのアプローチが薄くなる ・教員間の意思疎通に時間がかかる ・競争が増え、ストレスが増大しやすい ・不公平感が生まれやすい

ないことによる多様性や刺激の少なさと業務の多さです。

(1)多様性や刺激の少なさ

この課題を解決するには、学校外にリソース（資源や人材）を求めていきます。先述したような講師の招聘をはじめとして、他校との合同の研修会、オンラインで結んだ学習会等を実施することからこの課題を解決することができます。そのためには、スクールリーダー間の風通しのよい連絡調整が必須となります。

(2)業務の多さ

この点が最も深刻な課題といえます。多くの小規模校のスクールリーダーが困っている最大の課題です。特効薬的な方法はありませんが、スクールリーダーが率先して、業務に軽重をつけることと、教育ＤＸによる校務支援システムを活用したＡＩ等による業務改善を恐れずに進めることが重要となります。

○大規模校は強固な柱を何本も建てる

大規模校の最大のメリットは、多様な資質をもった教職員の数の多さです。それゆえに、まとめていくのに苦労するという点です。

この長所をうまく活用すれば、デメリットを壊滅することができます。

スクールリーダーが多数の教職員をまとめようという発想ではなく、ミドルリーダーやＹＭＬを育て、そして、その質を向上させることにより強固な学校経営を実現させることができます。スクールリーダーがすべてをやろうとしてはいけません。強固な柱へのメンテナンスを充実させることこそが、スクールリーダーの大切な役割です。大規模校こそ、ミドルリーダー、ＹＭＬの育成、活用が大いに試されます。

このように、大規模校ではミドルリーダーやＹＭＬへのアプローチが多くなります。気になるのは、教職員一人ひとりへのアプローチです。これについては、大規模校も小規模校も関係ありません。対話とフィードバックを確実に実行していく必要があります。大規模校は時間がかかりますが、教頭や主幹とも連携しながら、効率よく進めていきましょう。

POINT

小規模校は「濃厚な関係性」を活用し、大規模校では「ミドルリーダーとＹＭＬという強固な柱」を活用して教職員をまとめることが大切です。

学校の状況に応じた学校づくりの法則
～混乱期から安定期まで～

うちの学校はどんな状況にあるのかを見極める

ここまで、学校教職員の世代構成や学校規模による学校経営の在り方についてお話をしてきましたが、ここからは学校の状況にあった学校経営について述べていきたいと思います。スクールリーダーは、自校の状況を把握して学校経営を進める必要があります。

一口に学校の状況といっても、様々な場面が想定されます。本書では、そうした状況を「混乱期（変革期）」「継続期（調整期）」「安定期（活動期）」という三つの段階に分けて考えてまいります。

■学校が変わる３つの段階（学校経営の基本的なスタンス）

【混乱期（変革期）】強力なリーダーシップを必要とする段階（トップダウン期）

学校を大きく変えたいときには、方向を大きく変える強力な力が必要となる。教職員、保護者、地域の理解のもと、スクールリーダーが確固とした目標をもち、具体的な方策を打ち出していくことが重要である。そのためには、その目標がだれにでもわかる「キーワード」であることが大切。

【継続期（調整期）】教職員、保護者、地域が組織化される段階（フラット期）

「キーワード」に代表される学校の教育方針が浸透してくると、各組織が一方向に向かって動き始めてくる。スクールリーダーは、その方向性を調整していくことが重要な役割となる。教職員だけでなく、PTAや学校運営協議会、地域との連携を図るとともに外部からの支援も大切な力となる。学校の変化がわかるようになり、自信をもって目標に向かっていく時期。

【安定期（活動期）】子どもたちが活動の中心となる段階（ボトムアップ期）

学校が安定期に入り、「キーワード」が子どもたちにまで浸透したときに、子どもたちが活動を自主的に進めていく段階に入ってくる。この段階は、児童会や生徒会、委員会を中心とした特別活動が大きな力を発揮する時期で、様々な取り組みが現場段階から提案されてくる。

○混乱期にはトップダウンで変革を起こす

児童生徒の荒れや不登校、学級崩壊、あるいは教職員の不祥事による学校への不信感など、様々な要因で学校が落ち着かない状況に陥るときがあります。この時期を「混乱期」と呼んでいます。スクールリーダーの立場から見ると「変革期」ということになります。

この時期は、子どもたちも教職員もどこへ進んでいってよいのかわからない状況にあります。こうした時期には、スクールリーダーによる強力なトップダウンを行います。トップダウンと聞くとマイナスなイメージをもたれる方もありますが、混乱期にボトムアップなど期待できるわけがなく、かえって混乱に拍車をかけることになります。まずは、混乱を鎮めることが最優先となります。そのためには強力なトップダウンが必要なのです。

では、具体的に何をするのでしょうか。

教職員、保護者、地域の理解のもと、スクールリーダーが確固とした目標をもち、具体的な方策を打ち出していくことです。そのためには、その目標が誰にでもわかる「キーワード」であることが大切です。「キーワード」の重要性については、第1章をご確認ください。

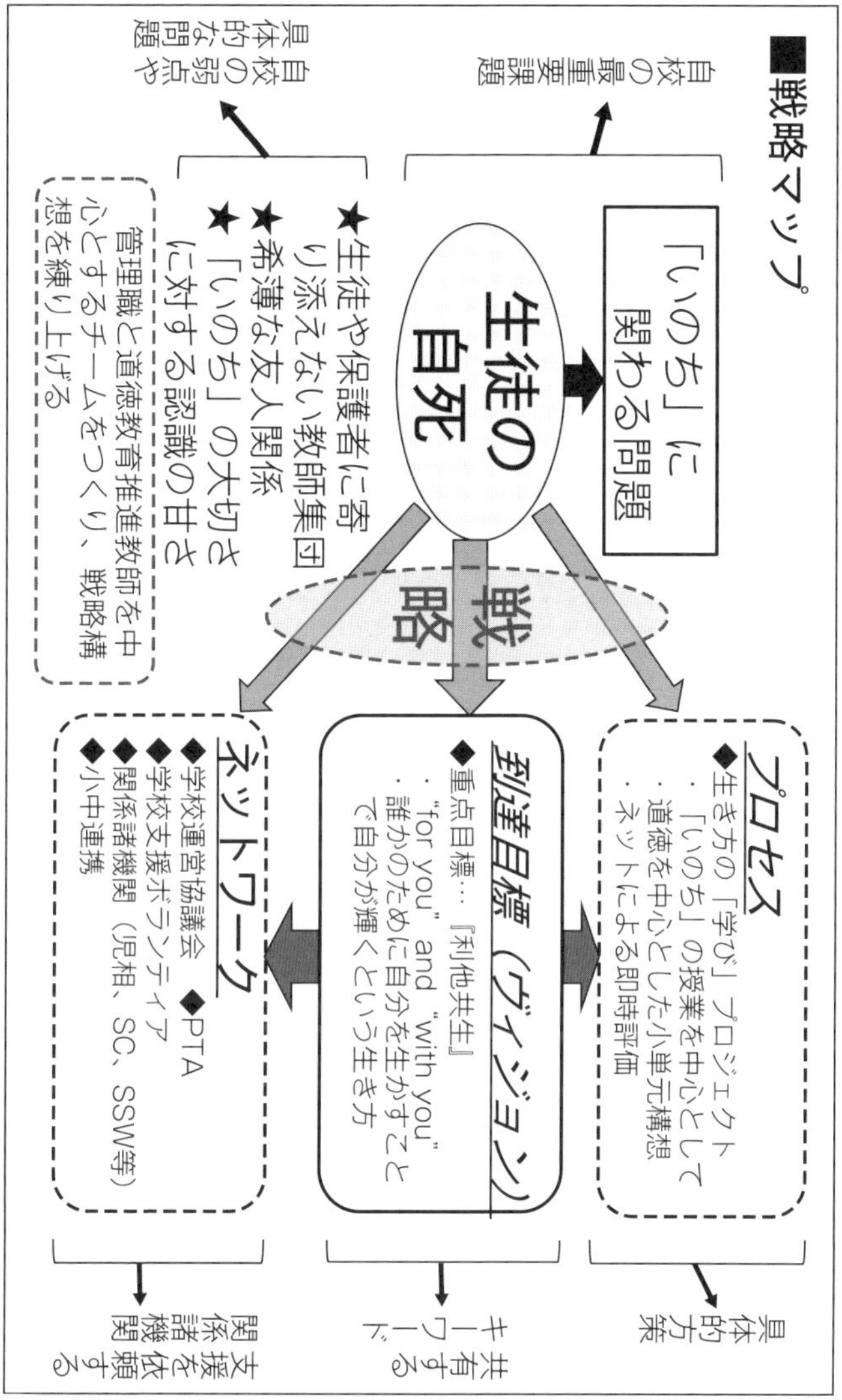
■戦略マップ
自校の最重要課題
「いのち」に関わる問題
生徒の自死
具体的な問題や自校の弱点
★生徒や保護者に寄り添えない教師集団
★希薄な友人関係
★「いのち」の大切さに対する認識の甘さ
管理職と道徳教育推進教師を中心とするチームをつくり、戦略構想を練り上げる
戦略
プロセス
◆生き方の「学び」プロジェクト
・「いのち」の授業を中心として
・道徳を中心とした小単元構想
・ネットによる即時評価
到達目標（ヴィジョン）
◆重点目標…『利他共生』
・"for you" and "with you"
・誰かのために自分を生かすことで自分が輝くという生き方
ネットワーク
◆学校運営協議会 ◆PTA
◆学校支援ボランティア
◆関係諸機関（児相、SC、SSW等）
◆小中連携
具体的方策
共有するキーワード
支援を依頼する関係諸機関

前のページの図は、生徒の自死から混乱状態になった中学校に赴任した際に作成した戦略マップです。混乱期には、このような戦略マップが必要になります。

①まずは、自校の混乱はどこに起因するものなのかを明らかにします
②どこに弱点や課題があるのかを分析します
③課題を解決するための戦略的キーワード（到達目標）を設定します
④到達目標を実現するための具体的な方策を策定します（プロセス）
⑤自校だけの取組には限界があるため、到達目標を実現するための支援を諸機関に依頼します（ネットワーク）

第1章でも紹介したように「利他共生」というキーワードが極めて重要な働きをし、生徒や教職員はもちろん、保護者や地域にまでこの到達目標が浸透していきました。それと同時に、学校が取り組んでいる生き方の「学び」プロジェクトへの共感や協力が当たり前になっていきました。ネットワークを強力にすることで、混乱から少しずつ抜け出すことができたのです。混乱期に、スクールリーダーは、恐れず戦略的にトップダウンを行う必

要があります。ためらってはいけません。自信をもって行う時期なのです。しっかりした戦略マップがあれば、かならず混乱は収まっていきます。

「どん底に大地あり」

原爆が投下された直後の長崎の市民に力を与えた永井隆博士の言葉です。どん底にも自分の足で立つことのできる地面がちゃんとあるという意味です。私自身、この言葉にどれだけ勇気をいただいたかわかりません。今、混乱期にあるスクールリーダーの皆さん、大地にしっかりと立ち、戦略的に上へ上へと登っていきましょう。

○継続期は連絡調整に徹する

混乱期が過ぎると、徐々に「継続期」に入ってきます。この時期は、スクールリーダーにとっては、トップダウンで進めてきた方策の連絡や調整に力を尽くす時期でもあるので「調整期」とも呼ぶことができます。

「キーワード」に代表される学校の教育方針が浸透してくると、各組織が一方向に向かって動き始めます。この時期には、スクールリーダーはトップダウンの必要性は低くなり、これまでの方向性を調整していくことが重要な役割となります。教職員だけでなく、ＰＴ

Ａや学校運営協議会、地域との連携を図るとともに外部からの支援も大切な力となります。学校の変化がわかるようになり、自信をもって目標に向かっていく時期ともいえます。

　具体的に連絡調整とは何を行うのでしょうか。わかりやすく言うと、修正するという言葉の方がぴったりかもしれません。混乱期に進めてきた方策や取組が機能しているかどうかをチェックします。スクールリーダーが、いわゆる「肌感覚」でこれを行ってしまうと重要な課題や問題点を積み残していく可能性があります。やはり、きちんとした評価が必要です。この段階のポイントは「学校評価」という言葉に集約されます。

■小刻み即時学校評価　～PDCAから「p→dcdcdc→a」サイクルへ～

○生徒評価→学期に１回（年３回）
○教職員評価→学期に１回（年３回）
○保護者評価
　小刻み評価＝行事ごとに
　総合評価＝年度末に１回

↓

◆紙媒体およびホームページにて公表
◆学校運営協議会にて結果を検討
◆校務分掌部会にて改善策検討（毎学期）

→ 改善へ

○小刻み即時学校評価でこまめにチェック

「学校評価」というと年度末に行うアンケートを思い浮かべる方も多いと思います。年1回の評価で学校が変わるでしょうか。私は変わるとは思いません。日常的、定期的に行うからこそ改善に結びついていくと考えています。この継続期に行わなくてはならないのは「小刻み即時学校評価」です。

「小刻み即時学校評価」というのは、年に1回ではなく、学期に1回、あるいは行事ごとに行うということです。そして、行事後、間を置かずにすぐに行うということです。もちろんＩＣＴを活用してオンラインで行います。すぐに結果が出てきます（下図参照）ので、校内だけでなく学校運営協議会や保護者へも公開します。

また、記述式のアンケートについても学校ホームページ

2．道徳の授業はわかりやすいものであった。

No.▲	選択肢	選択数	%	グラフ	凡例色
1	4…とてもそう思う	10	20.4%		
2	3…そう思う	33	67.3%		
3	2…そう思わない	5	10.2%		
4	1…まったくそう思わない	1	2.0%		
合計		49	100.0%		

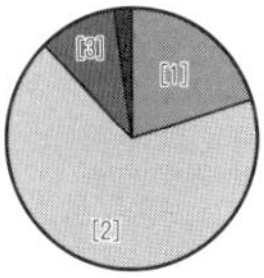

3．保護者用の資料と指導案は参考になった。

No.▲	選択肢	選択数	%	グラフ	凡例色
1	4…とてもそう思う	16	32.7%		
2	3…そう思う	30	61.2%		
3	2…そう思わない	3	6.1%		
4	1…まったくそう思わない	0	0.0%		
合計		49	100.0%		

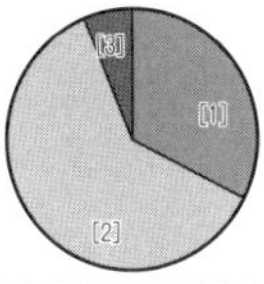

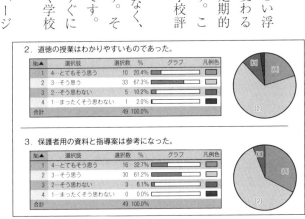

で公開するのが原則です。学校が言いにくいことも保護者アンケートでは普通に出てきますから、遠慮なく公開して保護者に啓蒙を促します。

例えば、下の図は、授業参観後に採られたアンケート結果（記述式）の一部です。これもすべて公開します。

・仕事があり出席できないが何とかならないか考えてほしい

・参観中に廊下で雑談している母親たちが目立っている

・参観なのに教室のドアが閉まっている

こうした、なかなか耳の痛いことも公開することで、教職員のみならず、保護者も地域の人も改善に向けて動き始めます。

継続期には、こうして小刻みな即興の学校評価を繰り返し、教育活動を修正していくことが望まれます。1年に1回では、学校は教育活動を修正できません。

(9)学校公開というより、その時に合唱大会はできないものか…。他の中学校は休みの時に合唱大会を行うところが多いので、**仕事がある為に出席できないので、考えて欲しい。**

(10)**授業後のライブに続くという貴重な流れのある授業、楽しみにしていました。一人の生徒のつもりで「出席」しました。**母の想い、子の想い、それぞれを想いを考える時間を味わいました。実際に親を亡くす体験がないと、主人公の本心は分からないかもしれません。自分も含めて、親の存在の大きさを再認識出来たのではと思います。ありがとうございました。今回は、教室一番奥に入って参観しました。**廊下で話に花咲かせている母達の姿が印象的です。思っている以上に目立っていますよ。**気づいてください。生徒たちの視線を感じてください。親も凡事徹底が必要だなと痛感しました。

(11)**1時間目からお邪魔しましたが、ドアが閉まっており、**ガラガラとあけて入っていくのにも気が引け、半分ほどはドアも廊下の窓も閉まった教室の廊下におりました。せっかくの学校公開なのでドアと廊下側の窓はあけておいて頂けるといいなぁと思います。

(12)家族がいるのが当たり前でお互いにわがままだったり、甘えだったりしているけれど、**どんなに大切な存在なのか、考える機会をもらいました。**

○安定期は、ボトムアップの花盛り

学校が安定期に入り、「キーワード」が子どもたちにまで浸透してきたら、子どもたちが活動を自主的に進めていくことが容易になる段階に入ってきます。この段階は、児童会や生徒会、委員会を中心とした特別活動が大きな力を発揮する時期で、子どもたちだけでなく、教職員やＰＴＡ、地域の方々などから様々な取組が提案されてきます。この時期、スクールリーダーは、もう動いてはいけません。

「校長先生、動かないでください。私たちの活動がやりにくくなります」

ある改革派の校長先生が若い教員から投げかけられた言葉です。学校が安定期に入ると、スクールリーダーが仕掛けをしなくても、下図のような様々な活動が行われ

■主な生活運動やキャンペーン

・あいさつ運動（生活委員会）
・チャイム着席運動（生活委員会、学年）
・読書週間（図書委員会）
・ブラッシング運動（保健委員会）
・手洗い、うがい運動（保健委員会）
・朝ごはん運動（保健委員会）
・ピカピカ運動（美化委員会）
・自転車整頓運動（交通委員会）
・課題100％提出選手権（学年）
・８時05分登校完了キャンペーン（学年）
・その他（残菜ゼロ運動、行事イラスト募集など）
・靴の整頓運動（生活委員会）
・給食週間（給食委員会）

あいさつ運動に集まったボランティアの生徒

ます。教職員も子どもたちも学校のキーワードがよくわかっているので、自分たちで動くことができるのです。

では、この時期のスクールリーダーは何をすればよいのでしょうか。

それはリフレクションと新たな到達目標の創出です。学校全体にボトムアップの機運が高まることは大変よいことです。でも、そこで満足せず、それまでの活動を振り返るとともに新たな到達目標を設定することがスクールリーダーの役割です。

さきほど紹介させていただいた生徒の自死による混乱期を乗り越えてきた中学校において、継続期を経てボトムアップ期に入ってきました。4年の年月がかかりました。ボトムアップ期に入ったころ、コロナ禍に巻き込まれてしまいました。突然のことです。ここで、社会全体の価値観が大きく変わり始めました。そうした中で、新たな目標としたのが「ウェルビーイング」です。十分に学校全体に浸透させることはできませんでしたが、この学校にとって新たな到達目標となるべきテーマでした。

部活動の在り方、いわゆる「置き勉」の価値、制服や体操服、靴の在り方、校則の在り方など多岐にわたって問題を投げかけました。教職員だけでなく、保護者や生徒にも意見を聞いたりアンケートを採りました。これが呼び水となって「ウェルビーイング」を考えるきっかけとしてほしかったのです。

ボトムアップ期が最終ゴールではなく、そこから新たなトップダウンが始まり、新たな到達目標への取組が始まります。混乱期というのは、突然訪れるのですが、スクールリーダーが意図的に仕掛けていくことで、学校全体に刺激を与えていくこともできます。下図のようにこの三つの時期がサイクルとなることで、学校は大きく成長していきます。

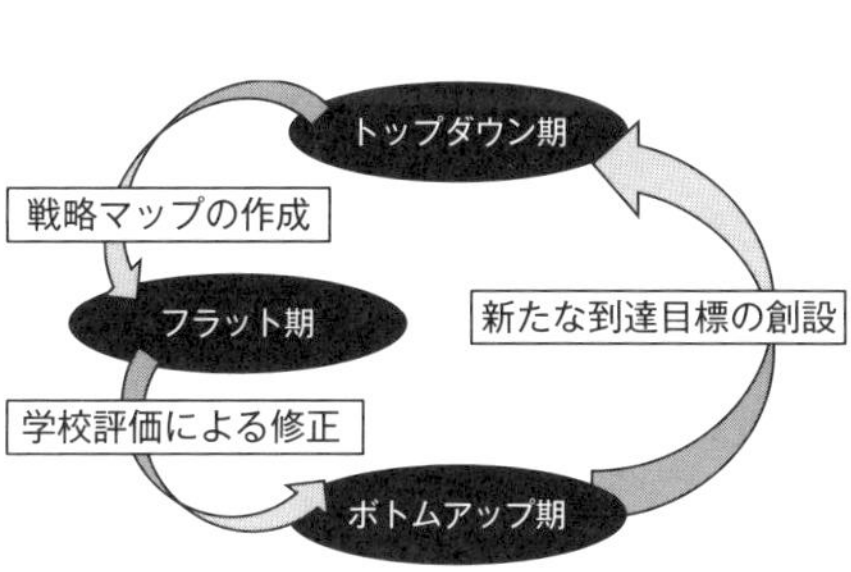

POINT

学校の混乱期はトップダウン、継続期は学校評価から修正し、ボトムアップ期には、子どもたちが主体的に活動する状況をつくりだすことを意識して学校経営を進めます。

第 6 章

保護者・地域との連携から学校をまとめる法則

「ともに活動する」という法則

○「助けて」と言えるスクールリーダーの姿勢

第1章でも少し触れましたが、学校にとって苦しいことや悩んでいること、困っていることなどを保護者や地域に伝えることは大変大切なことです。「助けて」と言えるスクールリーダーの姿勢から保護者、地域との連携が始まるといっても過言ではありません。「自分たちで何とかしたい」「学校にとって恥ずかしいこと」「心配をかけたくない」というようなわがままで自己中心的な考えを捨てるということです。学校は教職員のものではありません。コミュニティの教育活動の中心にあると考えるべきです。「地域の子どもたちは、地域で育てる」という考えがスクールリーダーには必要です。地域とともに子どもたちを育てるという姿勢で学校経営を行えば、「助けて」と叫ぶことは当たり前のことなのです。

○「ともに活動する」ことを最優先に！

第1章でもお話した通り、管理職として赴任した学校は「荒れた中学校」として有名な学校でした。しかし、保護者に自由に学校へ来ていただく環境を整え、教育活動をともに行っていただくことで、学校は少しずつ落ち着きを見せ始めてきました。教職員、生徒、保護者、地域の方が一緒に活動することを最優先としました。「ともに活動」する中から一体感が生まれ、子どもたちの豊かな心が育ってくる。そして、子どもたちを取り巻く大人が一つにまとまるチャンスと考えたのです。

取組のいくつかを紹介させていただきます。今では、皆さんが当たり前に行っていらっしゃることばかりです。

(1)ボランティア活動の充実

「ともに活動」するためには、保護者や地域の方が学校に足を向けたくなるような活動が必要になります。自由に来たいときに来ることができる継続的な活動は、やはりボランティア活動です。保護者や地域の方が自分のニーズに合わせて来ることができる活動をいくつか用意しました。

①あいさつ運動ボランティア

週2回、朝の登校時に生徒ボランティアや教職員とともに校門にてあいさつをする。ただそれだけですが、大きなうねりを見せ、たくさんの人が参加をしました。もちろん、主催は生徒会です。

②読み聞かせボランティア

保護者、地域に呼びかけをして週1回の読み聞かせボランティアを募集。小学校との連携もすることで、予想以上の数の方が参加。全学級にて実施。ボランティアの方の語りもあり大好評。

③合唱ボランティア

合唱コンクールは中学校の行事の中では大きな行事です。しかしながら、その指導が苦手な教員もたくさんいます。そこで、保護者や地域の方の中で合唱に堪能な方や歌が好きな方に集まっていただき合唱サーク

読み聞かせボランティア

ルを結成。毎週１回の練習の他、様々なイベントでの合唱の披露、そして各教室にて生徒への合唱指導を行っていただきました。

④清掃ボランティア

若い教員が指導に苦慮しているのが清掃指導。こちらも清掃のプロである保護者や地域の方が一緒に清掃しながら生徒だけでなく教員にもアドバイス。

⑤学習支援ボランティア

生徒の荒れの原因の一つが学習の遅れです。しかし、忙しい教員が一人ひとりに支援をするのはなかなか難しいことです。そこで、保護者や地域の方に「学び直し」の先生役をしていただくボランティアです。退職教員や学生がたくさん参加してくれました。週１回でしたが、大きな効果がありました。保護者からも感謝の言葉をたくさんいただいた活動でした。

⑥部活動交流

中学生が生き生きと活動する場の一つである部活動に保護者や地域の方が指導者として参加したり、交流試合をしたりして、生徒とともに活動しました。ときには、鉄板で焼きそばを焼いて交流することもありました。部活動に関わるものの気持ちが一つになった瞬間です。

⑦祝い餅つき

中学校3年生の卒業を祝って、保護者、地域の方、教職員、卒業生が一緒になって餅つきを行いました。この活動にもたくさんのボランティアが集まってくれました。

これらは一例ですが、ＰＴＡとして半強制的な活動をするよりも、参加者の温かい思いが前面に出てくるので、教職員や生徒に与える影響は、大きなものがあります。これからの時代は、このような主体的な活動こそが、保護者や地域とをつなぎ、学校を中心にして一つにまとまっていくと考えられます。

⑵学びの「場」

「ともに活動する」ためのもう一つの「場」として、学びの「場」を設定しました。保護者、地域の方、教職員がフラットな関係の中で学べる「場」です。授業参観時を捉えて、様々な「場」を用意しました。

・ミニ講演会と座談会
・道徳の模擬授業体験
・話し方講座

中でも、最も盛り上がったのは、ＰＴＡ役員が講師となり、教員とコラボで行った「しゃべり場」です。テーマは「ネットの使い方」。ネットモラルについて、ＰＴＡ役員と教員が一緒になって事前のネットに関する勉強会を開き、「しゃべり場」の持ち方や進行についても協議しました。ともに活動することがこんなにも心と心の距離を縮めるのかということを実感しました。フラットな学びの「場」であるからこそ一つにまとまっていったのだと思います。

しゃべり場

スクールリーダーの皆さん、ボランティア活動、そしてフラットな学びの「場」を用意することで、保護者や地域との連携を図ってみませんか。考える前に一歩踏み出してみましょう。「助けて」という声に必ず応答があるはずです。

POINT

保護者や地域と連携するには、「ともに活動する」という法則のもと、フラットな関係の中でボランティアや学びの「場」を活用することが大切です。

地域コーディネーターを活かす法則

クレームから応援団にしてしまうという荒業

教頭時代、忘れられない人がいます。本人の了解を得て、あえて名前を出します。「大橋さん」です。

その行動力、人脈の広さと発想の豊かさには、心底驚きました。数えきれないくらいのエピソードがありますが、最初のエピソードが実に印象的でした。

私のもとに、保護者から一本の電話がかかってきます。

「おたくの学校は金髪が許されているのか？　不良じゃないか。そんなワルのいる学校に子どもを行かせることができない」

生徒指導で苦慮している生徒のことを指摘されたのです。事情を話しても理解いただけません。たまたま、PTAの役員会に来ていらっしゃった「大橋さん」に相談しました。返事は簡単明解でした。

「今度開かれる『おやじの会』の懇親会に招待して、来年のPTA会長候補になってもらおう」

いやはや驚きました。招待してもいらっしゃるわけがないと思っていたのですが、おいでになられました。そして、「大橋さん」を交えて学校の実情を洗いざらいお話しました。「大橋さん」からはPTA会長の話が出ました。

「わかった！　私でよければ学校の力になりたい」

このような返事が返ってきたのです。狐に騙されているかのような気持ちでした。しかし、よく考えてみれば必然なのです。学校にクレームの電話があるということは、学校の教育に関心があるということなのです。応援団になってもらえる資質を備えているということなのです。「大橋さん」には見えていたのでしょうね。この電話をくださった方は、その後、何年もPTA会長をお務めになられました。私たち教員は「クレーム」と聞くと構えてしまいますが、「大橋さん」のように地域に根差していらっしゃる方は、すべてを学校の応援団に変える素晴らしい力をもっていることを初めて知りました。

○「大橋さん」を探せ！

「大橋さん」の活躍は、この出来事を皮切りにとどまるところを知りませんでした。先述した様々なボランティアや活動は、大橋さんのアイデアによるところが大きく、学校と地域をつなぐ役割に徹し、活動がうまく進んでいくように尽力いただきました。損得なしに、ただ一つの考えのもとに活動されていらっしゃいました。

「地域の子どもたちのために」

この信念こそが、学校と地域を連携させる強力な接着剤の役割を果たしました。いわゆる「地域コーディネーター」の役割を自然体でやっていらっしゃったということです。誰から頼まれたわけでもなく、地域の子どもたちを育てたいという思いだけでした。

スクールリーダーの皆さん、地域にはこうした素晴らしい方がたくさんいらっしゃいます。どの学校にも「大橋さん」が必要です。どの地域にも必ずいらっしゃいます。皆さんの学校にはいらっしゃいますでしょうか。

ボランティアサークルの誕生

もう一つエピソードを紹介しましょう。

秋に学校行事として合唱コンクールが開かれます。若い教員から「自分は合唱を指導したことがなく生徒に申し訳ない。自分も合唱指導を学びたいがどうしたらよいでしょうか」という相談でした。プロの音楽家に依頼をするとかなりの費用がかかります。他の教員も余裕がありません。これは、地域の人材活用しか道がないと考え、大橋さんに相談をしたところ、「では合唱サークルをつくりましょう！」という提案をいただきました。つまり、保護者や地域の合唱愛好者からなる合唱サークルをつくり、そのメンバーに各学級の指導に入っていただくということなのです。これなら、費用はかからないばかりか、生徒のためにも、教員のためにもなる。ボランティアの方も好きな歌が歌えるという一石三鳥の提案でした。

すぐにメンバーは集まり、質の高いコンクールを毎年行うことができるようになりました。これを機に様々なボランティアサークルが誕生したことは皆さんの想像通りです。「恐るべし地域の力」と実感しました。

学校運営協議会を活用するという法則

組織力の大きさを活用する

学校運営協議会制度（コミュニティ・スクール）は、学校と地域住民等が力を合わせて学校の運営に取り組むことが可能となる「地域とともにある学校」への転換を図るための有効な仕組みです。学校運営協議会では、学校運営に地域の声を積極的に生かし、地域と一体となって特色ある学校づくりを進めていくことができます。

「大橋さん」のような地域コーディネーターの活用について自治体で制度化しているところも多くありますが、コーディネーターの力だけでは限界があります。やはり地域の組織の力は大きなものがありますので、地域の組織との連携が必要となります。その際に大きな力を発揮するのが、この学校運営協議会です。

出典：「コミュニティ・スクール（学校運営協議会制度）」（文部科学省）
(https://www.mext.go.jp/a_menu/shotou/community/)

前ページの図は、その仕組みをまとめた文部科学省の図になります。この協議会に、地域の代表を務める方々に参加いただくことが極めて重要です。「ともに活動する」というねらいを達成するためにはなくてはならない存在です。学校運営や教員の任用に意見を述べることも大切ですが、学校が地域の教育ステーション的な働きをするために最も大切な働きは図の四角で囲んだ部分です。学校と地域にある様々な団体や人材と結ぶ働きこそが大切です。「大橋さん」が一人でやってきたことを組織として行うことです。

私の経験で一番ありがたかったのは、職場体験学習の体験先を探すときでした。学校運営協議会が中心となって、地域の事業所を次々と紹介してくださったのです。学校だけで探していたら、相当な時間がかかり、教員本来の業務に支障をきたしていたと思います。やはり「助けて」と叫ぶことから連携が始まるのです。

― POINT ―

保護者や地域との連携は、「ともに活動する」ことを大きなねらいとして、地域コーディネーターや学校運営協議会を活用することが大切です。

第 7 章

意味ある会議・研修にする法則

会議のスリム化は主体性を育てる

○時間がかかりすぎる職員会議、何とかならないのか?

前夜に大量の提案文書を職員数分印刷して丁合する若手の教員。読めばわかることを延々と話し続ける提案者。膨大な内容を一つ一つ丁寧に読み上げる教務主任……。

昭和、平成とこのような光景がどの学校でも繰り返されていました。

この効率の悪い会議システムは、昭和から引き継がれている受身的、一斉伝達型の会議といえます。このシステムを改善することも、教職員が主体的となり、チームとして一つにまとまることにつながっていきます。職員会議を例にして改善方法をお示しします。

(1)資料の電子化と事前配付の原則

資料の電子化はもう当たり前です。膨大な資料を印刷して丁合するという手間を省くことができます。

そして、もう一つ大切なことは、教職員全員が一斉にその資料を読む必要は全くないということです。初見ですべて理解するなどということは不可能なことです。事前配付をして教職員が各自のタイムマネジメントの中で確認をすればよいわけです。事前に確認することで、様々な意見や疑問、質問が生まれてきます。それらを学年会や委員会などの小規模な会議で事前に出し合い、提案に対する意識を高めるとともに、さらによりよいものにしようとする思いを一つにまとめていくことができます。大人数で動くことは、極めて効率が悪いと認識しましょう。

(2) 小分け・小規模・小間隔の三つの「小」原則

下図をご覧ください。様々な提案は、企画会

■職員会議の改善（会議の流れ）

①企画会議…教育活動推進の主要メンバー
・管理職や研究主任、各学年主任等のコアメンバーが参加
・教育活動の方向性や具体的取組を詳細に検討

↓

提案物の事前配付（データ）

↓

②学年会や各種委員会
・学年所属のメンバーが参加
・企画会議の内容を確認し意見交換、質問等の洗い出し

↓

質問や改善案、疑問等の集約

↓

③職員会議…全教職員
・スクールリーダーからのメッセージ（ミニ研修的に）
・質問や疑問、各提案の改善を中心に検討
・一つ一つの詳細な提案は行わない

議、学年会や委員会といった「小さな」会議の中で練り上げることが大原則です。大きな会議の場で意見を言うということは、なかなか難しいものです。小人数であればこそ、言いにくいこともわからないことも発言しやすくなります。本音で語り合い、練り上げるからこそ、組織としてのまとまりもできてきます。大人数ではなく、小人数の中で対話や議論し合うからこそ学校の目指すものをより深く共有できます。一斉伝達型の会議から練り上げ方の会議へ転換させていくことがスクールリーダーの大きな役割です。

①「小」分けの原則：一度にたくさんの提案をせず、細かく分けて提案や議論を進めていくこと。タイムリーな会議を心がけることです。

②「小」規模会議：効率が悪く一方向的な大きな会議ではなく、対話や議論がしやすい小さな会議の中で練り上げていくことが大切です。

③「小」間隔：かつての職員会議のように月1回という大きなスパンで会議を開くのではなく、1週間といった短い間隔で会議を開きます。もちろん膨大な時間は不要ですので、ポイントを絞って短い時間で行うことが重要です。伝達だけであれば、掲示板やメールを確認するだけでも問題ありません。

(3)伝達より本質重視(練り上げ)の原則

会議をする目的はどこにあるでしょうか。「創り上げる」「練り上げる」ことが一番大きな目的です。伝達ではありません。先述のように、小規模なメンバーの中で練り上げながら、よりよいものを創り合えるという会議の本質を重視した対話や議論ができるシステムづくりをされることをお勧めします。会議が面倒なものや眠いものではなく、自分たちの学校をよくするものであるという意識が徐々に高まっていきます。会議の改革は、教職員の意識改革、学校の活性化につながります。

— POINT —

会議は三つの「小」を大切にし、練り上げ方の対話や議論を重視するために、スリム化を図ることがスクールリーダーの役割です。

研修会は「相似形」「小規模化」を意識する

主体的な研修会への転換

第3章や第4章において、若手世代の育成の方法について少し触れましたが、ここからは、学校をチームとしてまとめていくための研修の在り方についてお話させていただきます。

校内の研修というと教務主任や研究主任に任せているというスクールリーダーの方が多いかもしれません。一般的には、講師を招聘して全員そろっての研修会を行うという学校が多いのではないでしょうか。そうした研修も効果がありますが、学校が組織としてまとまっていくためには、さらなる工夫を加えることが必要です。

では、何が必要か。やはり、教職員の問題意識を大切にして、自ら学んでいこうとする研修体制を構築することです。

下図は、教職員支援機構が進めている研修デザインの三角形です。もうお気づきと思いますが、学習指導要領の方向性と全く同じ三角形です。何よりも教職員一人ひとりが目標をしっかりともつこと、そして「どのように学ぶか」という視点が最も大切になります。これは、子どもたちと同じように主体的・対話的で深い学びでなくてはなりません。受け身型の研修から少しずつぬけだしていかなくてはなりません。

○小規模学習集団の形成

詳しく研修の作り方を考えていきましょう。

(1)研究主題の設定

■研修デザインの三角形

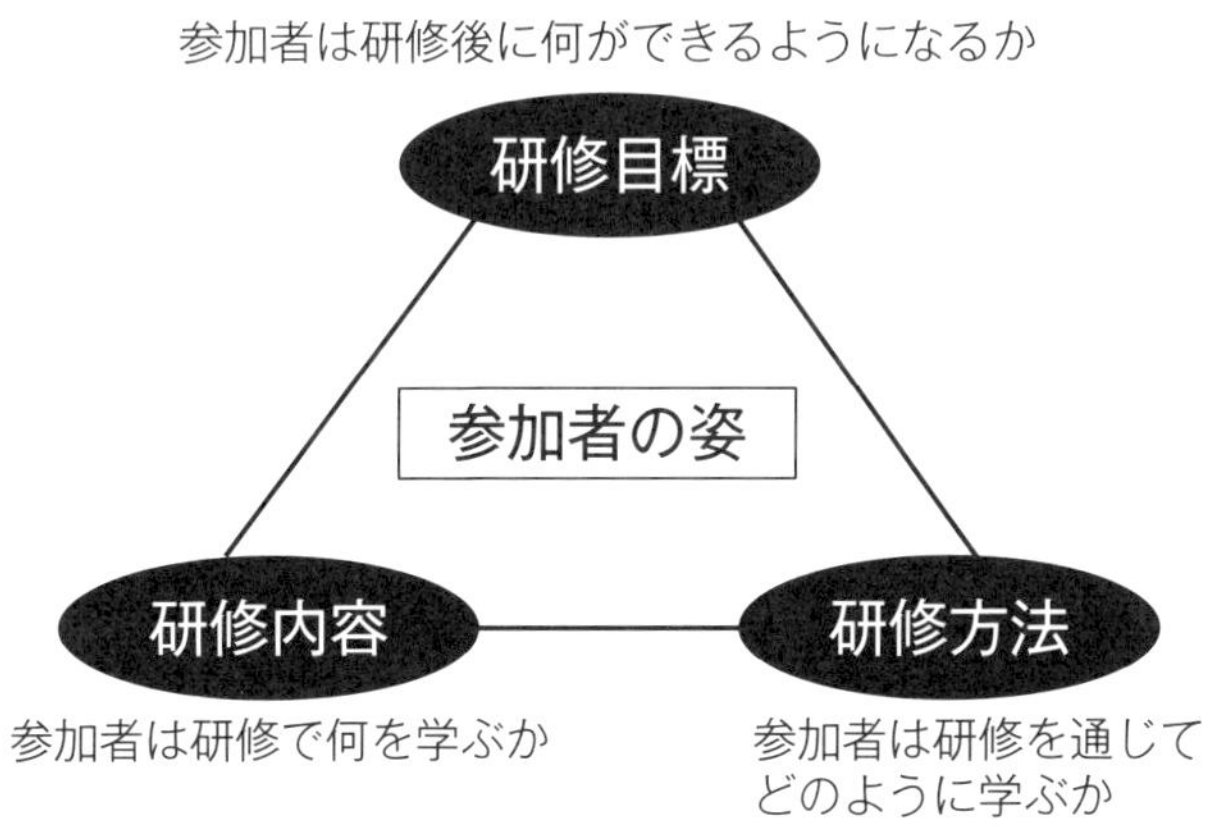

（独立行政法人教職員支援機構「『研修観の転換』に向けて」説明資料を参考に作成）

スクールリーダーは、まず自校の研究のテーマ設定をする必要があります。これは、どの学校でも行われていることです。重点努力目標を設定するのと同様に自校の強みを活かしていくことをメインとすることをお勧めします。弱点を補強することも大切ですが、強みを活かしていくことから弱みの補強につなぐことが最も近道で教職員のモチベーションも維持できます。この設定についても、学校経営のスタンス同様に、自校が混乱期、継続期、安定期のどこにあるかで設定の仕方も変わってきます。

私自身の経験は、混乱期ばかりでしたので、トップダウンでの研究テーマ設定でした。「道徳の授業研究」という具体的でシャープなテーマをトップダウンで設定しました。テーマは狭くて具体的な方が教職員は取り組みやすくなります。例えば、左の例をご覧ください。その違いが一目瞭然です。

（例）

「主体的で対話的な学びの姿はどのようにあるべきか」…抽象的で漠然

↓

「ICTを活用した自由進度学習の在り方」…具体的でシャープ

(2)個の目標設定

若手世代の育て方でもお話しましたが、一人ひとりの興味や関心がどこにあるかで学びの内容は大きく変わってきます。スクールリーダーの言葉かけやフィードバックなどを使って、一人ひとりの目標を立てていくのが次の段階となります。当然のことながら、学校全体の研究テーマを受けての設定です。

(3)学びの相似形

下図は、教職員支援機構の戦略図です。学びの相似形という考えが前面に出されています。子どもたちが主体的に探究活動をするように、教職員も探究的な研修を進めていくというイメージ図となります。研修

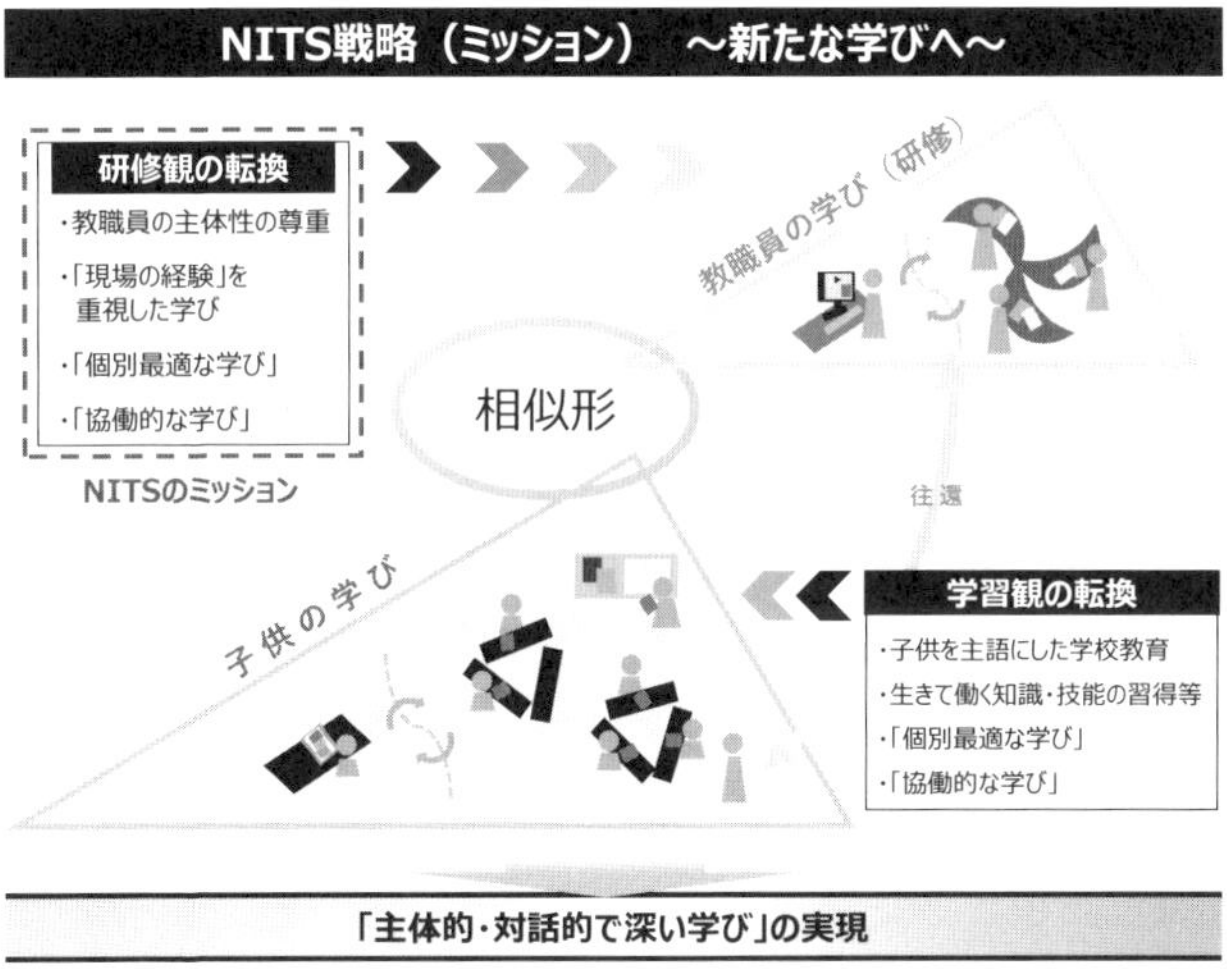

出典：「NITS 戦略～新たな学びへ～」（独立行政法人教職員支援機構）
（https://www.nits.go.jp/about/strategy）

も「個別最適な学び」と「協働的な学び」を重視します。したがって、これまでのような一斉伝達型の研修から探究型への転換が図られなければなりません。

⑷小規模学習集団の組織化

具体的にどうするとよいのでしょうか。

教職員一人ひとりの学びの目標やニーズに合わせて「学びの小集団」を組織することです。自然発生的に組織できればいいですが、なかなか現実的には難しいと思いますので、始めはスクールリーダーが意図的に組織することが望まれます。

同じ問題意識や研究テーマをもつ教職員を集めて、その小集団で主体的に学びを進めさせていきます。こうした「学びの小集団」が校内にたくさん存在する状況にします。それぞれの小集団がお互いに影響や連携をしながら、自身と小集団の問いを解決していきます。

■学びの小集団を核とした研究体制

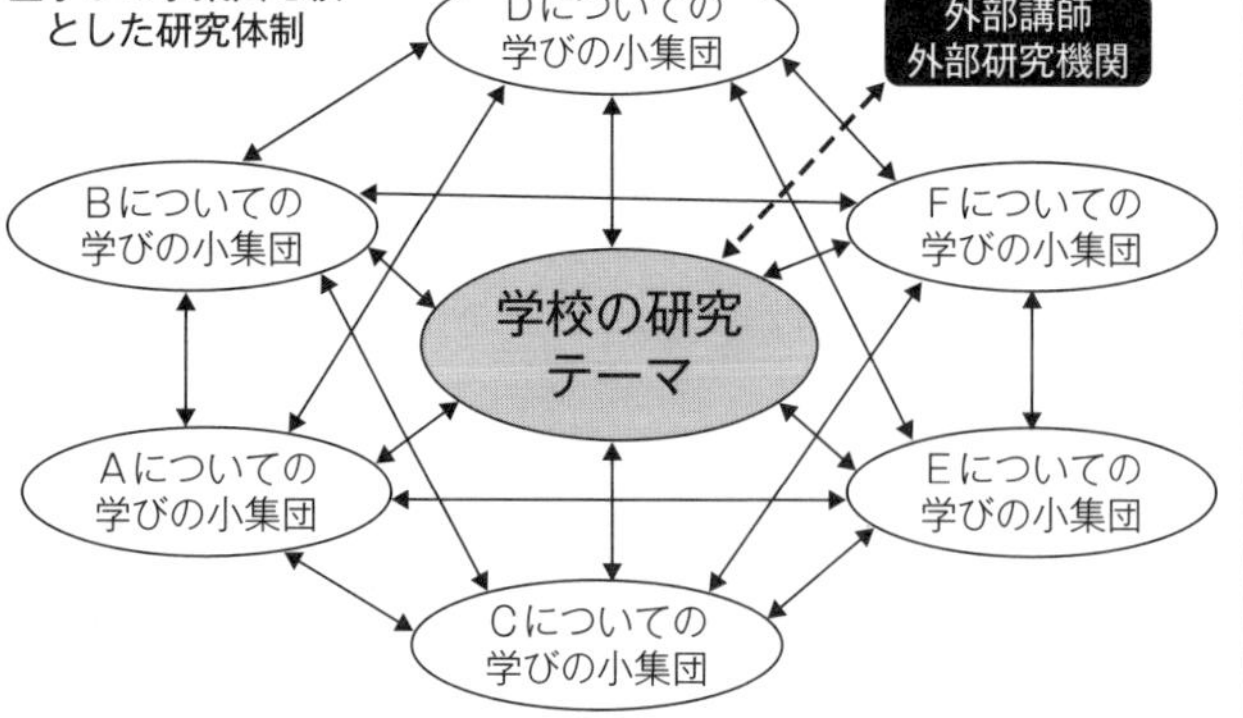

学校全体での研修では、その学びの過程や結果を共有するようにしていくことで、学びの主体者である教職員自身が講師となって研修会をもつこともできます。インプットからアウトプットへの学びの転換といってもよいでしょう。児童生徒の探究的な学びと同じように探究的に学びを重ねていきます。「学びの小集団」の中で「個別最適な学び」があり、「協働的な学び」も実現します。小集団同士が学びの交流をすることで、さらに「協働的な学び」が質の高いものになっていきます。

例えば、「道徳教育」を研究のテーマとしたときに、「教材分析」を学ぶ小集団があり、「発問」を学ぶ小集団がある。そして、「ゲスト道徳」を学ぶ小集団があるといったように教員個々の問題意識を最優先して小集団を組織していきます。その学びのプロデューサーが研究主任やスクールリーダーになります。このような研修にすでに変わってきている学校もあります。皆さんの学校はどうでしょうか。

POINT

子どもたちの探究的な学びと同じように、教職員の研修も「学びの小集団」を中心とした主体的で探究的なものにすることが重要です。

終章

次世代のスクールリーダーの姿とは

ウェルビーイング時代の学校とリーダー

○ＶＵＣＡの時代とウェルビーイング

ＶＵＣＡとは「Volatility：変動性」、「Uncertainty：不確実性」、「Complexity：複雑性」、「Ambiguity：曖昧性」の四つの単語の頭文字をとった造語です。まさにこれからの目まぐるしく変転する予測困難な状況を意味しています。こうした状況の中、令和５年に閣議決定された教育振興基本計画の中で、こうした時代を生き抜くためのキーワードとして「ウェルビーイング」が挙げられています。

ウェルビーイングとは、身体的、精神的に健康な状態であるだけでなく、社会的、経済的に良好で満たされている状態を指しています。その中では、「日本社会に根差したウェルビーイング」として、多様な個人それぞれが幸せや生きがいを感じるとともに、地域や社会が幸せや豊かさを感じられるものとなるための教育の在り方を考えていくことの重要性が示されています。具体的には下図に示すような方針が出されています。これらの方針を踏まえて、これからのスクールリーダーはどのような学校経営を進めるとよいのでしょうか。

■今後の教育政策に関する基本的な方針

①グローバル化する社会の持続的な発展に向けて学び続ける人材の育成
②誰一人取り残されず、全ての人の可能性を引き出す共生社会の実現に向けた教育の推進
③地域や家庭で共に学び支え合う社会の実現に向けた教育の推進
④教育デジタルトランスフォーメーション（DX）の推進
⑤計画の実効性確保のための基盤整備・対話

○主体的・対話的で共生的な学校経営

次世代のスクールリーダーに必要な学校経営は「主体的・対話的で共生的な学校経営」です。

(1)主体的

ＶＵＣＡの時代は先が見通せない時代。であれば、「前例踏襲」「例年通り」という古い発想はもう捨ててしまいましょう。また、妖怪が暴れ出さないよう退治してしまいましょう。ゆとり・さとり世代やＺ世代の豊かな発想力を大切にしながら、先を見通しながら教育活動を進めていくことが大切です。学校のキーワードを念頭に置きながら、スクールリーダーだけでなく、すべての教職員が主体的に関わる学校であるべきです。サントリー創

主体的・対話的で共生的な学校経営

主体的

前例にとらわれず先を見通して教育活動を進める主体性

対話的

児童生徒、教職員、保護者、地域と対話を重ねながらともに歩む学校経営

共生的

セイフティネットとしての学校を意識し、地域や組織、仲間の中での幸せを感じられる学校経営

業者の鳥井信治郎氏の言葉「やってみなはれ、やらなわからしまへんで」の精神が大切です。

(2)対話的

これまで本書でお伝えしてきた通りです。教職員はもちろん、児童生徒、保護者、地域との対話を重ねながら練り上げていく教育活動、そして学校経営が望まれます。特に、教職員との対話は世代を意識しながら、よさを活かす人材活用を進めていくことが大切です。

(3)共生的

次世代のスクールリーダーが最も意識しなくてはならない視点です。次ページの図を見ていただければわかるように、ウェルビーイングは、決して学校だけ、子どもたちだけにとどまるものではないことを強く意識しなくてはなりません。子ど

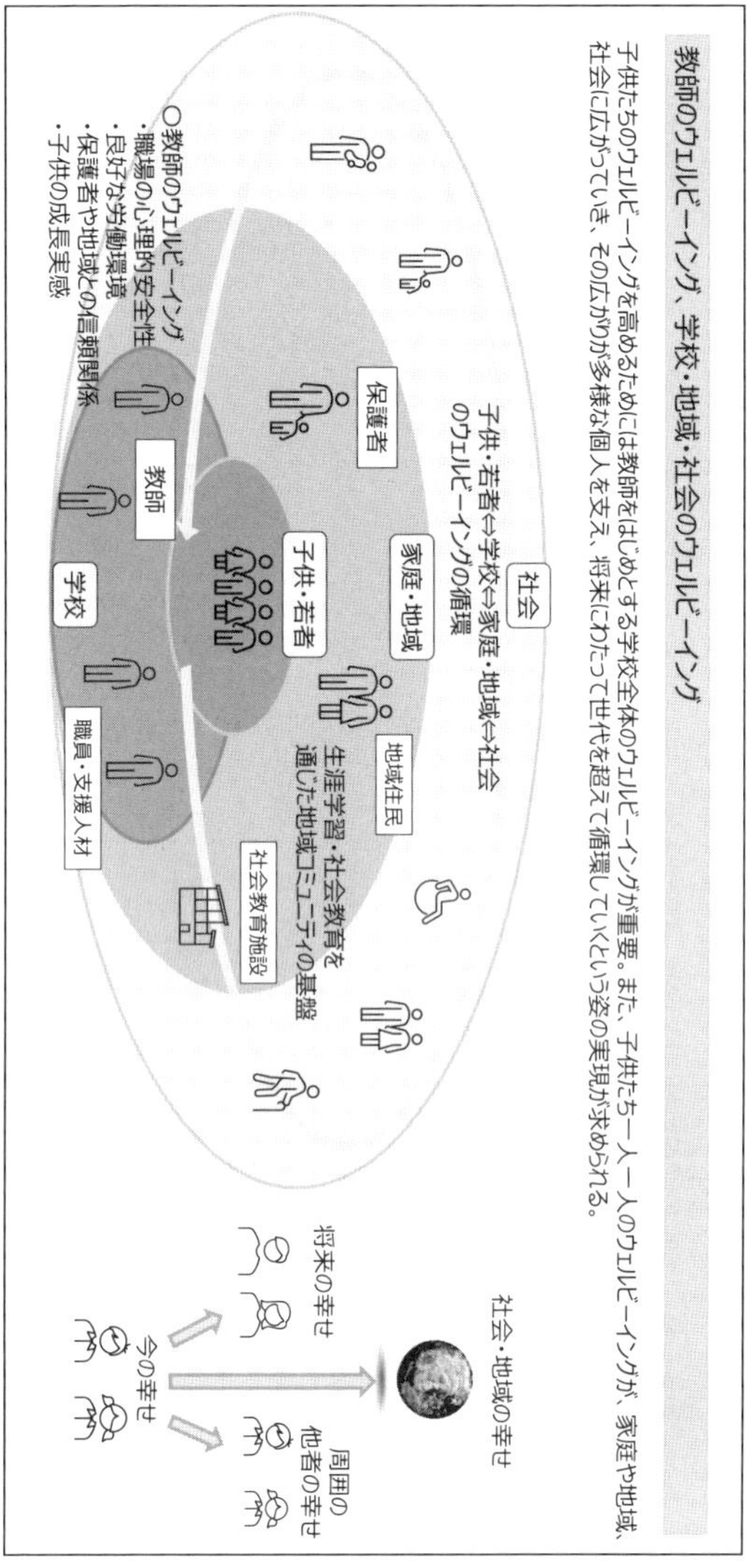

出典：「教育振興基本計画－中央教育審議会答申　参考資料・データ集」（文部科学省）
（https://www.mext.go.jp/a_menu/keikaku/index.htm）

もたちのウェルビーイングは、家庭に広がり、地域に広がり、そして社会全体に広がっていきます。

スクールリーダーは、学校だけにこだわることなく、広く保護者や地域とともに子どもたちのウェルビーイングを実現していくような教育活動を展開することが望まれます。

○世代を超えたクロスジェネレーションの学校経営

ウェルビーイングは、様々な世代がクロスオーバーした状態から実現してきます。校内だけにとどまらず、地域や社会全体のなかで様々な世代がクロスするような教育活動を意識しながら進めることが、これからのスクールリーダーの大きな役割となってきます。予測困難な未来社会だからこそ、ワクワクするようなスクールリーダーの教育活動を想像してみませんか。次世代の学校経営も実に楽しいものになりそうです。

POINT

次世代のスクールリーダーは、「主体的・対話的で共生的な学校経営」をすることでウェルビーイングを実現することができます。

【著者紹介】
山田　貞二（やまだ　ていじ）
1961年岐阜県羽島市生まれ。1983年度より愛知県公立学校教員として勤務。2011年度より一宮市立大和中学校校長。“荒れた学校”にて道徳を中心に学校再生を目指す。2015年度から２年間は愛知県教育委員会義務教育課主席指導主事として道徳教育を担当。2017年度より一宮市立浅井中学校校長。2021年度より岐阜聖徳学園大学教育学部准教授。2024年度より教授。専門は道徳科の指導法研究で，全国の小中学校にて，年間約100本近くの出前授業と研修を行う。12年間の管理職経験を活かして学校経営の講演への依頼も多い。

バブル世代からＺ世代までをチームにする！
スクールリーダーのための組織をまとめる法則

2024年９月初版第１刷刊　ⓒ著　者　山田貞二
発行者　藤原光政
発行所　明治図書出版株式会社
http://www.meijitosho.co.jp
（企画）茅野　現（校正）中野真実
〒114-0023　東京都北区滝野川7-46-1
振替00160-5-151318　電話03(5907)6702
ご注文窓口　電話03(5907)6668

＊検印省略　組版所　長野印刷商工株式会社

Printed in Japan　ISBN978-4-18-193513-9